宣穎南華經解之研究

錢奕華 著

序

黃錦鋐

莊子之書，前人以其遺世沉濁，放言滑稽以玩世，皆虛語無事實，雖當世宿學，不能自解免也。然郭象稱其言通天地之統，序萬物之性，達死生之變，而明內聖外王之道，則其書固不可不讀也。

後世解莊者，奚止數十百家，雖淺深高下不同，大抵以己見說莊子，有以儒家之說比附者，有以佛典之言解注者，紛紜揮霍，莫衷一是。然莊子無可無不可，蟲肝鼠臂，任爾稱說，故後世又倡言以莊解莊之說。然以莊解莊，初學者無由明其奧義，此慧遠又不得不以佛典與莊子相附會也。然則，應如何讀莊子耶？各家紛陳己意，不勝枚舉。蓋文莫奇於莊子，故讀莊子者，必先識其字句，分得句讀，尋其段落，析其文理，解其筌蹄，而後會通全篇大旨，此其要者。

錢奕華君，聰慧好學，自臺灣師範大學國文系畢業之後，歷任高中、小學及空大講席有年，又考入高雄師範大學國文研究所進修，研究老莊之學，得名師指教，積有成效。知莊子命意之深處，須隨字隨句讀之，以見全書之變化，於是從歸震川氏以文解莊以下，取宣穎《南華經解》一書，詳其篇章之結構，解其評注之意趣，悟其批詞之妙旨，深會其書之與儒學互融會，與中庸相表裏，撰成《宣穎南華經解之研究》一篇，余讀而善之，以錢君能從文字而入，又能從文字而出，遺其筌蹄，探其玄珠，得其意旨，忘其言詞，自出機軸，堪稱《南華經解》之功臣也，因樂而為之序。

庚辰暮春于台北市郊之晚學齋

自序

錢奕華

宣穎《南華經解》在莊學史上，是站在宋明理學的遺緒，面對清初變動的大時代，建構自己的注釋和解說，開啓新的意義與對話的作品；錢穆先生評爲「活趣盎然」，關鋒先生譽爲「不可多得」，可與梁啓超先生云：「（老子、莊子、列子）清儒沒有大用過工夫」對應。由於學者專家不同的評論，加上王先謙《莊子集解》引用宣穎注解七百多條，讓我產生興趣與好奇，希望攀緣著宣穎的注解，了解那樣的時代，他承繼了什麼思想，建立了什麼論點，有什麼樣的影響和價值，尤其是藉由宣穎「直是世間原未有我」、「不特大命既至，自家不得主張，抑且當場傀儡，未知是誰提線？」的體會，感受宣穎「我於此處，直欲大哭」對生命無常的有我之境到無我之境，最後超然物外「從而淡之」的省思。因此，莊子之言在宣穎的詮釋中，展現莊子「懸解」生命，直據道體侃侃而談，以人合天的儒道互補思想。

這樣的一份闡釋，予我這年屆不惑之人，一種有限生命過渡至無限智慧的啓發；我終於由莊子洋洋灑灑的「筌蹄」中讀出自己的侷限，於是擇取清初莊學，以爲學問的礎石，學術生命的起點；其間師大黃所長錦鋐老師的諄諄教誨、細心點撥，給予我不同以往的觀念與方向，學習貼近作者的眞精神；高雄師大何主任淑眞老師幽深精微、切中入理，讓我學會如何掌握方向；指導教授許老雍老師的紮實闡發，辛勤認眞，一遍又一遍的修正與指導之下，在宣穎之文集皆已亡逸，縣志記錄甚少的情形之下，披沙揀金，一一淘洗後完成；還有教我、長我的師長們，更是耳提面命、深切期許，使我深切體認到師長們經師、人師的典範。

尤其是拊我、育我的母親，由於她「爲學由己」、「盡其在我」的庭訓，我才能在學校的工作、家中的育子、外子在外經商等忙碌中，「壹其性」的讀書；母親仁慈與愛力的支持，我才能在就讀研究所之時，曾大腹便便的往返高雄、台北，完成學位；加上台北市大理國小范校長明鐸、邱主任豐盛的鼓勵，學校同仁、好友、同學、學長的幫助，我才能夠在家庭、事業、學業交互的試煉下，對生命多一層宏觀與微觀的體驗，而覓得學習眞知的源頭活水。

面對宇宙天地、人事是非，我充滿了喜悅與感謝，人生中若是沒有風雨的洗禮、生活的陶鑄，怎能產生和光同塵的和諧與力量；雖是一葉青澀、嫩綠的葉片，只要自己是一片楓葉，經過日月推移，終究可以綻放出璨然奪目的艷紅與光彩。因此，幾經思量，還是將這份學術思維的作品，與大家分享、檢驗、裁定。願這份有涯隨無涯的浪花，在莊學的長河中提供一些想法，就教於各位方家。

庚辰年四月于台北

宣穎南華經解之研究

目次

第七章《南華經解》之評價

宣穎南華經解之研究

第一章　緒　論

莊子是古代思想家中最具魅力者，其書因窮天人之際，究變化之原，明死生之理，述道德之本，以謬悠之說，荒唐之言，無端崖之詞，反覆譬喻，不可端倪，造成其言洸洋自恣以適己，於中國思想史、文學史、美學史上，各家各擅所長，與之幻化冥合，而見仁見智，各得其道。

《莊子》給予每個時代，不同之理解與世界之建構，故明末清初之解莊鉅作：宣穎《南華經解》，即在此時代的烙印下，開展出不同的注疏風貌與內涵，經由其流暢之文筆、深刻之義理、超凡之妙解，別具眼識地昭顯出《莊子》之繽紛世界。本章擬就論文研究動機、研究內容、研究方法、研究目的等，介紹本論文之組織架構。

第一節 研究動機

歷代注莊者，有騁於玄言者，有僅偏於字句之闡述者，有校詁其文句者，約分為玄學、民間修仙、道教、丹鼎、儒學、佛學等派，能挺立於時代之飄搖，連綴成章，發揮一己之見，冀成一家之言，在莊學注疏的長河中，清初宣穎《南華經解》是開出一片根葉粲然，既具文采又章其義，兼具哲學思考與文章理論特色，而卓然不群者。

宣穎《南華經解》孤發於清初，沉寂於經學。自從乾、嘉以後，崇實黜虛之學術思維大興，淹沒了這一枝獨秀，統理宋明以來，文學與哲學之解莊鉅著。自從王先謙《莊子集解》援用宣穎之注解後，清代注莊者大多沿用而不絕，使得《南華經解》融合審美鑒賞與文章義理之解析方式，不絕如縷。

然而，考查從清代至於民國，其人其書卻從未有專人論述。宣穎用以學問為思，以文化為情，明於心體，達於至道的識見，始終未曾受到重視，無法全然展現於當世，以致於後世學者有的以文章家視之，而誤會宣穎之書為「兔園册子」；有的認為宣穎只是以儒解莊，並未識得莊子眞義而偏廢之；其間雖偶有讚譽者，亦僅僅是隻字片語，無法窺得宣穎解莊之全貌。

有鑑於此，筆者欲以披沙揀金之態度，追本溯源，由窮究其清初莊學之時代背景，彰顯出宣穎《南華經解》以文學之筆、哲學之思，總結宋明以來心學之大成，以儒家中庸與莊子互爲表裡，運用評點之筆法，標示出莊子文章之結構章法，顯現莊子藝術與哲學之境界，在注解莊子的歷代注疏中，堪稱承先而啓後，達其文理與哲理鎔鑄，可稱爲清初最具代表之解莊鉅著。

第二節 研究內容

本論文第一章爲緒論，說明研究動機、內容、方法與目的，以勾勒出論文的組織架構。宣穎《南華經解》成書於康熙六十年，其生平事蹟不詳，生卒年月無可考，今僅由《句容縣志》、《續纂句容縣志》中，查證一部份資料，並對其字號、仕進、孝行、鄉里、交遊，做一全面性的介紹，對宣穎拔貢之年，著錄錯誤之處，作一說明，並將其人其書的介紹，作爲第二章之內容。

宣穎處於清初時代，正是國家改朝換代之變動時期，因此《南華經解》一書，是在如何的時空背景下完成的，應當予以討論。對清初莊學之外緣因素：如明朝滅亡之衝擊、人本思維的覺醒、政府對國故之整理，需加以說明；尤其是清初莊學之內緣因素：諸如融合宋明理學、對時代之深沉反思、學術上的崇實黜虛、道家已被道教雜糅等，都是清初莊學發展之重要因素；於是，清初莊學之發展情形是：由義理以至於訓詁，道家因雜糅了神怪色彩，使得文人視莊子爲衰世著作，最後莊學遂淪爲經學之附庸，沉沒於乾、嘉經學之後。宣穎《南華經解》在這種外在環境下，竟能不受外力之影響，能自我超拔，另闢新境，是其獨特之處。此爲第三章部分。

宣穎《南華經解》之撰述，是基於什麼樣的理念而作？他對莊子之瞭解、對莊子一書之理解、對以往註解之看法、及莊子篇章之眞僞問題等，這些都是宣穎《南華經解》之撰述緣由；故第四章以宣穎《南華經解》之自序，以及書前所寫之〈莊解小言〉爲根據，並輔以《南華經解》之註解爲印證，作爲第四章之討論。

《南華經解》之主要內容特色，是包括了以儒解莊之思想論述，及以文評莊之注莊風格。先識得清以前以儒解莊之情形，探討其源流與發展，再析論《南華經解》以儒解莊之內容，作爲第五章之特色介紹之一；再以知曉清以前莊子與文學之關連，說明《南華經解》以文評莊之內容，借由細部之討論，窺出宣穎所識之《莊子》全貌，所注解莊子之精華所在，達到承襲前賢注解之特點，並且更上層樓，將前賢不足之處，予以畫龍點睛，作爲第六章所討論之範疇。

《南華經解》雖未見諸官方之著錄，而清人推崇備至，後世之學者則評騭不一，故宣穎《南華經解》一書，自有其古今不同之評價。因此第七章即以《南華經解》之評價作論述，討論其書之歷史評價、注解之活趣盎然、以儒解莊承自宋明、以文評莊以開新境、顯現其注書與著書契合之價值，並說明宣穎之看法，因受時代所限，而有所侷限。因此《南華經解》無論在莊學的長河中，或是思想的脈絡上，以及文學的啓發等方面，都有其一定的價值。

最後，第八章對於宣穎《南華經解》具有見識高遠之内容，心學匯莊之思想，陶鑄莊學之風格，以文評莊之影響，立論說理之瑕疵等，作一總結性之結論。

第三節　研究方法

本論文之撰寫，由於前無古代前賢專述，後無兩岸學者深究，筆者獨步於文論之中，戒愼恐懼之心，時時有之。故擬定論文題目之後，其研究方法爲：

一、蒐集板本

是書台灣有宏業書局：會文堂石印本、藝文印書館：半畝園刊本、廣文書局印行：懷義堂版。中國大陸出版品中，僅購得風漬之存古齋石印本，在此範疇下，盡其可能的互見注解、互校内容，確立其書之解釋，使其無所疏漏，没有錯誤。

二、明白義理

《莊子》文中旨意，原本莫知其涯，再由宣穎加以解釋，必定有所歧異。故先明白《莊子》內文義理，同一篇文字，必先閱覽近代《莊子》之譯注、前代注家之詮釋，再考究《南華經解》中，其說明合乎莊子旨意的部份，襲取前人的部份，洗發簡鍊的部份，闡發新意的部份，作一番通徹之瞭解。

三、博覽群書

宣穎名不見經傳，在史料方面，必先查遍縣志、史籍、叢刊後，將自己閱讀的歷程作一說明，以便後學者，能更進一步，做更深入的探究。其餘如莊學的注疏、文學、哲學、思想的討論做一確切之理解；清初的時空背景、學術思維、文學與思想的總結，亦須有貫串之明瞭；宣穎思維中儒家思想、道教觀點、佛教論述，更要有清楚之辨析。故而，看似披沙揀金毫無著落，但亦有無處不是寶的通透之樂。

四、歸納比較

資料的旁雜、類別的不同，往往努力蒐集、合而觀之後，卻發覺「其分也成也，其成也毀也」（《莊子、齊物論》），此時，如何由虛中求實，由雜中求理，並非單純一蹴即成，於是歸納比較、琢磨反覆、沉思考量、醞釀其意，達到「復通為一」的論述，是本論文最用力的部分。

五、尋其源流

任何一種思想的形成，絕非一朝一夕可以為之，宣穎心學的理論、文學的評論更是涵攝著歷史的咀嚼。故而刪其雜葉，尋其本枝，得其心意，在衆流中截取與宣穎之旨意相近者，或宣穎曾引用者之論述，以證得其融化前人之哲思，消解於無形之處。

六、知其影響

一位寂寂無名，卻能在衆家注解中屹立不搖者，自有其不同往昔之見識，有他掌握生命脈動，以貫穿全體的獨到見解，沒有此種轉化與提昇之詮釋，無法獨步於歷代注疏之中，反覆爲後世學人討論、引用。對於時代文論的回應與創新，注解莊子的契合與發明，自有其不可抹煞的影響。

最終，經由宣穎所見、所思、所云的《南華經解》，進入莊子自然渾成的天地之間，考諸各家思維，縱貫莊學脈落，明白清初狀況後，凝其神，用其志，發其心，造其文，雖不敢云豁然貫通，但已如九層之台，亦步亦趨之後，雖未達至明之境，卻已然見到另一番氣象。

第四節　研究目的

經此層層遞進的研究過程後，對宣穎《南華經解》有一脈的掌握，也對清初莊學有一番新的看法，期望在莊學之論述中，一探其囊，欲發其匱，昭顯出《南華經解》中，至精至微的妙解、至情至性的評論，不致在恒河沙數中逸失。

宣穎《南華經解》在清初時代中，反映總結前人思維之特色，回應時代文學理論之觀念，充分標示出清初時代文人之特質，並將莊學雖隱微於經學之下，卻波濤洶湧燦然奪目之色，一一顯現出來。

藉由宣穎《南華經解》的注疏內容，更可以呈現莊子一書之價值，在世代交替遞變中，能不斷更新，顯現出特殊風貌；於是莊子永存留人間，藉由其敏銳的洞察力，不斷的與世人對話，永遠在人心中薪火相傳、生生不息。

最後，謹盼借由宣穎《南華經解》之研究，呈現清初莊學燦爛的面目，廣闊的天地，在莊學的地位與意義上，具有一定的研究價值。冀望此論文能拋磚引玉，讓後學者以啓清初莊學之山林，恢宏前人思想智慧之精華。

第二章 宣穎之生平及著述

第一節 宣穎生平事略

宣穎，清朝句曲人（今江蘇·句容縣），字茂公。在《南華經解》序言中云：「康熙六十年（西元一七二一年），歲次中秋，句曲後學宣穎茂公自序」，其生卒年及生平事蹟查閱《清儒學案》、《清儒傳略》、《大清畿輔先哲傳》、《清代七百名人傳》《清代傳記叢刊》等書皆未著錄，其書《南華經解》查閱《四庫全書總目提要》《續修四庫全書總目提要》、《清文獻通考》、《續文獻通考》，亦未有記載，藉由《南華經解·序》中的「句曲」一地地名，追本溯源，得知在今江蘇省句容縣，並於《句容縣志》❶上查到以下有關宣穎之資料：

宣穎字懋功，康熙甲午選貢，文章與張鹿床相伯仲，所著有南華經解。

---

❶江蘇省《句容縣志》卷九，人物志，文學，清曹襲先纂修，清乾隆十五年修（西元一七五〇年），清光緒二十六年重刊本（西元一九〇〇年）。（台北：成文出版社，民國六十三年出版）新編頁次八二八。

又於《續纂句容縣志》❷中查到宣穎較爲詳盡之資料：

宣穎字懋功，一字茂公，崇德鄉古遜邨人。性至孝，有逸才，少與諸昆季，及嚴用求、戴霖生輩，砥礪問學，有聲庠序。既長，偕朱亮工，從溧陽馬章民，講藝於三茅峰下，馬公欽其德器。及亮工獲解去，章民又大魁天下，穎僅以拔萃科貢入成，均章民寓書慰之曰：大器晚成，行當以衣缽傳生也。已而終不遇，乃鍵户著述，網羅群籍，淹貫宏通，時人稱爲學海。晚年假館邑之青元觀，葛仙公煉丹處也，著南華經解。張菊人序而梓之，至今風行海內。穎不樂仕進，授讀養親，親歿廬墓三年，沒世之日，遺書數十種，亂後盡佚。

根據上述對宣穎的字號、仕進、孝行、鄉里、交遊等，約略有些瞭解，加以論述如下：

一、宣穎之字號

《南華經解》各種板本皆署宣穎字「茂公」。《句容縣志》上云：「宣穎字懋功」，

---

❷江蘇省《續纂句容縣志》，卷二十，拾補，清張紹棠修、清蕭穆等撰，清光緒三十年（西元一九〇四年）刊本影印（台北：成文出版社，民國六十三年出版）新編頁次二三四一—二三四二。

《續纂句容縣志》云：「宣穎字懋功，一字茂公」，然而宣穎在所有《南華經解》板本上的署名皆云「茂公」：

康熙六十年歲次中秋句曲後，宣穎茂公氏自序。（《南華經解·序》會文堂刊本）

句曲後學宣穎茂公著，同學王暉吉季孟校。（《南華經解·題》會文堂刊本）

茂公宣子，好學深思，探頤是書有年。（《南華經解·張芳序》會文堂刊本）

丙寅春，偶於吳門舊書肆，見有南華經解鈔本，以青蚨數百枚易，歸讀之爲句曲宣茂公氏所著。（《南華經解·胡志章跋》半畝園刊本）

由於半畝園刊本是同治六年丙寅年（西元一八六六年）刊本，是早期的板本，而且江藩、胡志章所見的板本，應屬早期康熙年間所出的板本，再根據其書修刊半畝園刊本，加上會文堂刊本亦是以「茂公」稱之，因此，宣穎著《南華經解》時，是以「茂公」為主要字號。

再者，「茂公」與「懋功」同音假借，「茂」與「懋」，「公」與「功」皆同音假借，意義是可相通的：

茂：暮候切，音懋，宥韻。通「懋」，勉也。《詩大雅・南》：「方茂爾惡」。

懋：暮候切，音茂，宥韻。

公：姑翁切，音工，東韻。通「功」，《詩小雅・六月》：「以奏膚公」傳：「功也」朱駿聲謂即「功」之假借。

功：姑翁切，音公，東韻。

故宣穎可能因茂公與懋功同音假借，因而另外以茂公為號。加上他終其一生，只取得縣試生員資格，再由學政于「生員」中，選拔上報朝廷者之「拔貢」，「生員」身份雖有別于庶民，但不能為官，僅能設館教蒙生，世稱「入學」之「生員」為「秀才」，別稱之為「茂才」。宣穎既是「茂才」身份，就以教授蒙生維持生計，如此一位老秀才，便因此號為「茂公」了。

再就「懋功」二字，查《清代傳記叢刊索引》，查出朱昌祚、李元盛、高其勳、倪國正等四人的字號皆爲「懋功」，卻並未查得字號爲「茂公」者，所以《清代傳記叢刊》中，並無宣穎的文稿傳世。《續纂句容縣志》亦云：宣穎「沒世之日，遺書數十種，亂後盡佚」，今僅於《續纂句容縣志》查得宣穎〈朱亮工文稿敘〉一篇，下面署：「宣穎字懋功」，可以得知宣穎著《南華經解》時，是以茂公爲主要字號，宣穎以懋功爲字號爲文者，目前僅見於《續纂句容縣志》的〈朱亮工文稿敘〉一篇。

二、宣穎之仕進

《句容縣志・人物志》上記載宣穎云：「康熙甲午選貢」；考查《句容縣志・選舉志・正科表》後，證實宣穎之名應列於：

順治十二年乙未：「宣穎拔」

順治十二年乙未是西元一六五五年，而爲《南華經解》作序之張芳，題署：「康熙六十年歲次辛丑長至日，書於青元觀❸，邑同學弟張芳菊人氏拜撰」，《句容縣志》記載爲：「張芳字菊人，順治壬辰進士，授宜江令」，順治壬辰年是順治九年西元一六五二年，張芳是年登進士，西元一六五五年宣穎拔貢生，兩人既是同鄉又爲同學，因而張芳自稱「邑同學」，故以順治年爲正確。清康熙甲午，是康熙五十三年，西元一七一四年，相較西元一六五五年有六十年之隔，如果宣穎此時拔貢，則不可能爲張芳之同學矣！

由於宣穎拔貢的名字列於順治十二年乙未下方，而前一年，即順治十一年是甲午年，可能因《句容縣志》著錄者眼誤，以致於看成順治十一年甲午，又誤認爲康熙年，才會有此誤解。故知宣穎應爲順治十二年乙未選貢（西元一六五五年），才是正確。

宣穎當時是以未取得縣學、州學、府學生員的文童身份，參加縣試、府試、院試三試後，由學政選拔優秀者上報朝廷，謂之「貢生」。清有五貢指歲貢、恩貢、拔貢、優貢、副貢。此五貢均算正途出身，其中拔貢是十二年選拔一次，在五貢中最難，拔貢經朝考合格，可充任京官或地方知縣、教職，但宣穎自從拔貢後（順治十二年，西元一六五五年）即未曾名列科考榜中。

---

❸青元觀，在句容縣境西南隅，原係晉葛洪故宅，丹井猶存，梁、陶宏景著〈青元觀碑〉，爲道教重要道觀。參見《句容縣志・古蹟志・寺觀》，（台北：成文出版社，民國六十三年出版）頁三四〇。

又根據《續纂句容縣志》之記載瞭解宣穎「不樂仕進」，當他的好友朱亮工，於順治十一年鄉試第一，他的老師馬章民又大魁天下，宣穎僅拔萃科貢而已，雖然其師馬章民「寓書爲之曰：『大器晚成，行當以衣缽傳生也。』」老師都以「大器晚成」勸勉宣穎努力不懈，然而宣穎卻「已而終不遇」，以他身爲資賦優異的文童，擁有拔貢之才學，求取仕宦，應屬反掌折枝，然而卻屢試不中，加上清初政治環境，以籠絡與箝制並行，在這種高壓統治之環境下，難免會心灰意冷，轉而不汲汲於名利，不求聞達於當世。

可是宣穎心中，始終存有懷才不遇之遺憾，我們可由宣穎〈朱亮工文稿敘〉中，談及與亮工共同學習、相互析疑，馳騁於古今之間，卻云有「懷才未究」之感慨而得知，他說：

> 自朱子亮工，以經學倡始，而同人翕然從之。析疑賞奇，抽思揣志以馳驟於古今之間，師資一室，有餘樂焉！然當其空山寂寥，寄興杯酒，致慨於懷才未究，而騷首問天，不禁於邑。

由上述得知，宣穎未嘗沒有下學而上達之志，期望聲譽聞於鄉里，然而宣穎始終未在科舉考試中揚名天下。於是宣穎將全部心力付諸於著述中，並且網羅書籍，加以融會貫通，當時人以「學海」稱之，可以想見宣穎在當時，是位博學通儒。可惜他「遺書數十種，亂後盡佚」，今唯一留傳世間之書，僅存《南華經解》。

宣穎《南華經解》根據《續纂句容縣志》上所載，是宣穎晚年之作，他在青元觀中完成此著。由於宣穎是順治十二年（西元一六五五年）拔貢，與《南華經解》之成書年：康熙六十年（西元一七二一年）相距六十六年，可以證明宣穎《南華經解》是其晚年之作，並且是年逾七十之作，或是八旬老翁之作。

因此，宣穎在飽經憂患，對現世有「士有道不能行」的不滿，對政治有「昏上亂相」的失望，更可能是文人個性，崇尚精神的逍遙自主，於是在思想自成體系的晚年，印證莊子的智慧，咀嚼著自我的經驗，既隱逸又失意，既有閒氣，又欲淡之的心境下，而完成《南華經解》。正如他評論莊子成書之因：

> 曹子建❹論文以氣爲主，可見從來著一家言，未有不具一段必達之氣者也。其氣既盛，從而折之，必未易降，今莊生不務逆折，只是從而淡之，眞釜底抽薪之法也。直

❹曹子建應指曹植，字子建，著《與楊德祖書》；但此處云「論文以氣爲主」應出自曹丕《典論論文》：「文以氣爲主」，曹丕字子桓，故此處宣穎注解有誤。再查《南華經解》藝文印書館半畝園刊本，亦做「曹子建」，因此，此處不知是宣穎本身的錯誤，亦或是後世傳抄之誤，故存疑以待更好之版本以校對之。

是世間原未有我！風聲濟，眾竅爲虛，眞氣將歸，形骸自萎，不特大命既至，自家不得主張，抑且當場傀儡，未知是誰提線？我於此處，直欲大哭，乃猶較長論短，所爭是何閒氣耶！如此說來，尚未道及物論，早已令人冷卻十分矣！眞淡之至也。

（〈齊物論〉注）

當宣穎看到〈齊物論〉「風聲濟，眾竅爲虛」時，頓時感受到人生的無常，生命的短促，是由不得自己的，故云：「我於此處，直欲大哭」，這正是他心有戚戚焉的共鳴啊！認爲人生只是命運提線的傀儡罷了！在這種感悟之下，宣穎反覆以「眞淡之至也」讚美莊子，不也正是他歷經生命的逆折，時代的劇變，以從而淡之的態度，加以釋懷，這難道不是與莊子有一樣的心路歷程嗎？

三、宣穎之家世

《續纂句容縣志》中云宣穎「性至孝」、「授讀養親，親歿廬墓三年」。由此可知宣穎是位重視孝道與傳統禮節之人。廬墓三年乃是古代至情至孝之表現，古人於父母師長之喪，行此孝行，是做廬舍於墓旁，供子女或學生居住。《史記、孔子世家》即云：「孔子喪，弟子心服三年，心喪畢，相訣而去；惟子貢廬於墓上，凡六年，然後去。」

從這樣的記載，我們可以明白宣穎本身的思想，是遵行著儒家的傳統，具有事親至孝的觀念，宣穎本身又是一位有逸才、有聲名于庠序的人，無法於現世發揮，轉而著述，尋求儒與道的共同焦點，融合二者爲一，這是他於《南華經解》所持的基本立場。

另外可由一則資料，作爲宣穎家族都是重視孝行的佐證。宣穎家族中有一位中了舉人，又擔任宣城縣教諭的宣芸，於康熙二十九年庚午（西元一六九〇年）中舉，與宣穎同鄉，比宣穎拔貢西元一六五五年，約晚三十五年，可以算是宣穎之子輩。宣芸亦是一位具有傳統儒家觀念之人，除了父卒廬墓，還著有《周程張朱四子集解》。其事略介紹如下：

> 宣芸字書城，別號方畹，崇德鄉人。少讀書延福寺，離家七里許，定省無日以曠，雖風雨必來歸，父卒廬墓三年，足跡不入城市。爲文不假思索，纚纚千餘言。年二十四，登康熙庚午賢，書爲諸名宿所器重；既偕入都有西客告急請救，芸以囊金五十金，悉與之無吝色。任甯國宣城教諭，督課士子，刊有芹澗堂文集，又著周程張朱四子集解，宣邑奉若和鈞，後丁外艱起，復宜興教諭，未任而卒。

由此可知宣氏一族，以孝傳家，縣志中並未說明宣穎與宣芸之關係，但以兩人對父母至孝的表現，可以明白宣穎著《南華經解》，是在如此的家族背景下，形成以儒解莊的中心思想，與宣芸著《周程張朱四子集解》兩相對照，隱然可以看出宣氏家族中一脈相承的儒家思想。

再者《句容縣志》中宣氏家族顯然並不活絡於政界，除康熙二十九年庚午年（西元一六九〇年）〈正科表〉有宣芸中舉人，任宣城教諭，〈選舉志〉中「有宣論，字宗聖，崇德鄉人、陝西肅州衛經歷」、「宣誠，字崇道，業德鄉人，貴州龍里衛經歷」，連同宣穎共四位在縣志中提及，僅宣穎與宣芸有著作傳世。

宣論、宣誠兩人亦是崇德鄉人，兩人的名字「論」「誠」與字號「宗聖」「崇道」，與《南華經解》所論述的中庸、道體等，同是對儒家與道家論述的重要範疇，故宣穎、宣芸、宣論、宣誠四人，彼此除了同鄉以外，不知是否有更深厚的關係。查證《金陵通傳》後❺，卻僅找到：「芸族人穎」，說明宣芸與宣穎兩人是同族人，沒有進一步說明彼此的關連❻。

---

❺見《金陵通傳》卷二十六，第一百十六册，吳宗渭一條之下，有宣芸、宣穎的簡介。（據清・陳作霖纂《金陵通傳》，清光緒三十年刊本影印，台北：成文出版社，民五十九年八月），新編頁次七八七。

❻筆者未能在文獻上找到直接的證據，證明宣穎與宣芸、宣論、宣誠之間的關係，僅查到宣穎爲宣芸之「族人」，詳盡之關係，恐需留待以後，若有更詳盡之蒐證，再以專題說明之。

由上所述，宣氏家族應非一般平民出身。就宣氏的姓氏來源而言，一直衆說紛紜，莫衷一是，《風俗通》認爲乃「周宣王之後」，《路史》卻指出其爲「宋宣公之後」，《通志·氏族略》考證爲「魯大夫叔孫僑如之後，僑如謚宣伯」，唯一能夠確定的，是他們的得姓途徑爲「以謚爲氏」。根據《姓氏考略》記載，宣氏是「望出東郡」，東郡，即指今河北南部及山東西部之地。宣氏活動範圍既然沿黃河流域的河北、山東一帶，則源自周代魯國的可能性居多。

宣氏乃歷史悠久之姓氏，自漢始，即有許多姓宣之名士，散見各種經傳古籍，如著《老子始終》一卷的宣虞，著《周易象論》二卷之宣聘，備受尊敬的高逸之士宣明，乃至光武年間官拜大司徒的宣秉等。這些名登經傳的人物，多半是當時齊、魯一帶的人。譬如宣秉，是雲陽人，雲陽指的便是現在山東、曲阜西方。

宣氏往南播遷，可由名登史籍的人物，如宋·嘉定年間之宣繒，是高官至觀文殿大學士，預定策功而死後被追贈爲太師；以及明初學者宣溫，曾受朱元璋徵詢治道，以一句「漢高祖殺功臣，功臣自殺，光武全功臣，功臣自全」而使朱元璋大讚「深獲吾心」；此二人宣繒是浙江鄞縣人，宣溫是浙江會稽人，由此看出宣氏家族遷徙的情形❼。

---

❼參見宣永安：〈宣氏族譜〉，故宮博物院微卷；《姓錄》台灣書店，一九六〇年五月；《中華姓府》台灣書店，民一九六九年六月。

可見得宣穎貴為名門之後，但顯然前無顯赫之師承，後無顯達之後代及後學，又無官宦及身，家道中落，自是人微言輕，不為當世所重，如同莊子寂寞與清高、與萬物攖寧，不務逆折的以洸洋之言，自恣自適般遊曳於塗中。

四、宣穎之鄉里

《續纂句容縣志》中云宣穎是「崇德鄉古遜邨人」❽，崇德鄉在江蘇省句容縣，即宣穎《南華經解・序》中所云「句曲後學」的句曲，亦即是句曲山一帶，位於今江蘇省南京市東南九十里處，漢置，屬丹陽郡，武帝封長沙，定王子黨為侯邑。東漢屬揚州丹陽郡，隋屬揚州江都郡，唐屬江南道昇州，宋屬江南東路江寧府，元屬江浙省集慶路，明屬南京省應天府，清屬江蘇省江寧府。

句曲山，一名地肺山、已山、茅山，為晉、葛洪之鄉里，其故宅即在句容縣西南隅，即今青元觀，後陶宏景亦效葛洪，歸隱於句曲山，《梁書陶弘景傳》載：「齊永明十年，陶弘

---

❽據《續纂句容縣志》卷一，輿地志，鄉里，上記載：「崇德鄉在縣治南四十里，十四都十五都，其地崇尚禮義，敦行孝悌故名。內有一十一里二十七村。」（台北：成文出版社，民國六十三年六月）新編頁次六六。

景辭祿，止於句容之句曲山。」昔漢有咸陽三茅君：茅盈與弟固、衷，得道來掌此山，故謂之茅山。以形似「已」字，故又名「已山」。《元和志》：「山本名句曲，以形似「已」字，句曲有所容，故邑號句容。」梁、陶宏景撰〈葛仙翁碑〉就曾描述句曲山之形勢為：

東視則連峰入海，南眺則重幛切雲，西臨江滸，北接駒驪。

江蘇句容縣境內句曲山是葛洪之故里、陶弘景隱居之地，為我國著名的道教文化聖地。茅山，與龍虎山，閤皂山並稱我國道教符籙派三大名山❾，是道教茅山派（上清派）❿重要的發源地與歷代宗師修道之地。上清派以《上清大洞眞經》、《眞誥》為重要經典，倡導存思神眞之道，以修練身心，存心養性以事天，聚精會神而合道為宗旨，最終達到與天地之道

---

❾茅山、龍虎山、閤皂山是上清、正一、靈寶三大符籙舊派之本山，宋哲宗紹聖四年（西元一〇九七年），敕三山為「經籙三山」，三家鼎立遂呈定局，皆以江南為主要傳播區域。見任繼愈：《中國道教史》（台北：桂冠圖書公司，一九九一年十月），頁五九八。

❿茅山派原名為上清派，以東晉魏華存（南岳魏夫人）為初祖，據傳第二、三、四代宗師楊羲、許穆、許翽皆居茅山傳道，第八代宗師孫游岳，第九代陶宏景以後，歷代宗師多居茅山，茅山遂成為該派本山，上清派亦因此而被稱為茅山派。見任繼愈：《中國道教史》（台北：桂冠圖書公司，一九九一年十月），頁六〇七。

共存的境界。由於其教義一改道教的鬼魅流俗，使道教趨向理論化、精緻化、與高雅化的方向發展，科儀以存思術與誦經術爲主，顯得簡單易行，因而上清派從齊梁到北宋，鼎盛數百年，是唐、宋、元時期道教的主流[11]。

宣穎既生長在道教鼎盛之鄉里，終日遠望句曲山，群峰起伏，如蒼龍逶迤，直插雲霄，自然心靈如鏡，曠遠開闊，無執無著，「不以物喜，不以己悲」，加上良好的家教，豐厚的學識基礎，仕宦的不如意，生不逢時的感嘆，隱逸又平凡的生命，自會與南華眞人莊子，心靈相契合，《續纂句容縣志》上云：「青元觀在縣志西南隅，康熙間邑人宣穎成南華經解於此地」[12]，可以得知宣穎晚年時歸隱於青元觀，完成《南華經解》，是以「邑人」之身分，融攝道教，運用佛語，結合中庸，妙通莊子，爲其作注。

五、宣穎之交遊

宣穎「文章與張鹿床相伯仲」（《句容縣志》），但根據《續纂句容縣志》記載，宣穎

---

[11] 見李作勛：〈茅山行〉《三清會刊》第四十期，一九九八年八月，頁四六；孫亦平：〈從《上清大洞眞經》看上清派的特點〉《三清會刊》第四十一期，一九九八年十二月，頁一四；龔鵬程《道教新論二集》（嘉義：南華管理學院出版，一九九八年七月），頁四〇。

[12] 見《續纂句容縣志》卷二，古蹟，（台北：成文出版社，民國六十三年出版），新編頁數二〇三。

没世之後，遺書數十種卻因戰亂，而完全亡佚，今僅能以《南華經解》之文筆，以及《續纂句容縣志》中〈朱亮工文稿敘〉一篇，想見其文章之貌。茲將宣穎描敘與朱亮工一起追隨馬章民，至三茅峰講藝，這一段離鄉背井的情形。文中表露出宣穎心中懷有四方之業，期待志行與文章能遠近皆知，他借由敘述朱亮工，實則是說明自己的心路歷程，摘錄如下：

處邑里而欲鄣致四方之業，既有山川阻修之感，而志行與文章又未必其遠近齊軌也。曲山枕大江通吳會，其爲聲氣所奔走者，輶軒相屬。而余邑諸子皆晏處環堵，論交結契，不越數十里，而衿珮相接，質難朝夕，問至其敦尚古誼，風雨不渝，則余輩所盟之此心者也。

我們可以由宣穎能將朱亮工之心情描繪入裡，也就是他當初偕同亮工一起赴章民處之初衷。宣穎年少時與族中兄弟、及嚴用求、戴霖生等人在學校中，以砥礪問學而頗負盛名；年長時與朱亮工同行，拜馬章民爲師，因此宣穎與朱亮工情誼深厚，才會爲其文稿作敘，才會瞭解當初從師的志向，是希望志行與文章，能行諸四方的。

朱亮工是其字號，查《金陵通傳》記載，其名應是朱獻醇，以事親時容色和悅，奉親至孝爲名。《續纂句容縣志》錄有他的治家格言，題爲〈邑解元朱獻醇治家格言〉⑬，朱獻醇

⑬見《續纂句容縣志》卷末，（台北：成文出版社，民國六十三年出版），新編頁次二三八二―二三九九。

在《金陵通傳》⑭的著錄如下：

朱獻醇原名朝幹，字亮工，號鶴湄，句容人。事父和宇，以孝聞舉。順治十一年，鄉試第一，七上禮闈，有欲招致之者，拂衣去；尋選射洪知縣，敦俗勸民，民愛之如父母，以疾歸居鄉二十年。見句容歲舉區頭一人任征徭，不半歲家輒破；乃請縣勒石永禁，又以糧貯龍潭。民疲陸運奸胥，橫索不允交兑，條陳其弊除之。嘗作杯銘以自警，卒祀鄉賢。

原來朱亮工與宣穎是同學，在學問方面，彼此互相析疑賞奇，切磋琢磨，在事親方面，兩人都有孝親之思，同聲相契，自然成爲好友。另外，《句容縣志》⑮卷末上，也有記載朱亮工獲得南闈第一之軼事：

朱鶴湄先生獻醇，年二十六受學瀨江馬甸臣，馬患足疾不能出户，公遂偕帝賚、雲章

---

⑭見《金陵通傳》二十七卷，（成文出版社，民五十九年八月），新編頁次八〇四。

⑮見《句容縣志》卷末，雜志，軼事，（台北：成文出版社，民國六十三年出版），新編頁次一二八九。

，兩小阮寄食於邑北之雪浪庵，互相砥礪。時甫二月，庵中桂樹左枝華放，僧見而異之，乃於黎明折花私祝曰：先受此花者，當獲售；及叩門，公聞聲啓戶，僧拜稱賀，是年果中南闈第一。

朱亮工二十六歲受學於馬甸臣，此應是《續纂句容縣志》宣穎一條下所云：「溧陽馬章民」，可知宣穎與朱亮工之師，即是馬章民又字甸臣，患足疾而不出戶，至於馬章民授學之內容，可由《句容縣志》〈儒林〉中潘應龍一條略知一二：

潘應龍字雲公，歲貢生。家貧力學，重品行、工詩文，與朱獻醇同授業於溧陽馬世駿，馬授以手錄四書講義，龍潛心玩味有眞得，遂于易理貫通，自是友教四方，從遊日眾。年七十五猶有居其門講學者，築小齋名尋樂窩，自爲記大意，欲尋孔顏樂處，友愛兩弟，家政嚴肅，長女死節，次女守節，子詠孫肇統俱諸生。

由潘應龍之資料，更加明白宣穎以儒釋莊之立場，應得自於其師馬章民⑯（甸臣、世駿）

---

⑯筆者按：由各條資料的匯集，得知宣穎之師馬章民字甸臣，又字世駿，本應找出更詳盡的思想背景與資料，但查遍《金陵通傳》、《金陵瑣記》、《江寧縣志》、《句容縣志》、《續句容縣志》等皆未尋得，只有留待以後再作蒐證，作一完整之專論。

。馬章民以手錄四書講義教學，將四書融會貫通，明白孔顏樂處之義，啓發了宣穎與潘應龍等同業，宣穎並推及其師之義，於解莊時以儒道之互補說明之，可以說是更上一層。

宣穎之文章，與張鹿床相伯仲，張鹿床指的是爲《南華經解》做序的張芳。張芳在《句容縣志、人物志》及《續纂句容縣志、拾補》上的著錄如下：

張芳字菊人，順治壬辰進士，授宜江令，旋罷歸，閉户不出，著作甚富，緣乏嗣，多所散失，所傳有《燕台》、《聯句》、《宜江》、《倡和詩》四集。

（《句容縣志、人物志、文學》）

國朝張芳《責躬集》、《燕台集》、《聯句集》、《宜江倡和集》、《繡君堂稿》。

（《句容縣志、雜志、遺書》）

張芳字菊人，號裓菴拙叟，江南句容籍江寧人。按古懽堂集移寓張菊人先生宅詩：暫與稚川作鄰舍，將隨宏景老山林。

（《漁洋山人感舊集》⑰卷八）

張芳，字菊人，號鹿床，江西句容人。順治中進士，知常寧縣八載，清操如一日。創建桃花洲書院，課士親爲指援，一時成就甚眾。以事去職，遺愛至今弗去。

（《船山師友記》⑱轉錄《湖南通志、名宦》、《長寧縣志》）

---

⑰（清）王士禎：《漁洋山人感舊集》十六卷，清·盧見曾補傳，收錄於周駿富輯：《清代傳記叢刊》學林類二十九冊，（台北：明文書局，民國七十四年初版）。

張芳爲宣穎之同鄉，曾於順治辛卯八年（西元一六五一年）中舉人，順治壬辰九年（西元一六五二年）中進士，並任職常寧知縣八年，仕途、宦途皆比宣穎（西元一六五五年拔貢）爲早，在《南華經解・序》中云：「學弟」乃自謙之詞。並有《燕台》、《聯句》、《宜江》、《倡和詩》四集傳世。至於張芳之文采，則詳見於《續纂句容縣志・拾補》：

張芳字菊人，一字鹿床，又字澹翁，又號械庵（祴菴）拙叟。順治辛卯舉人，壬辰進士，歷官長甯宜江知縣，以寬簡爲治，旋引疾歸。築園亭於縣治東南，竹樹池塘，密邇城隅，有紫綿書屋、趧喜樓之諸勝，偕邑中耆宿，觴詠其中；精神矍鑠，望之若仙，詩古文辭，直造古人堂奧；遠近纂修邑志家乘，輒走書幣延聘求指義法，如巢縣志、古隍朱氏家乘，皆其鑒定弁首；著述甚富，無子多散佚。朱徵君垣稱其：風疏雲上，一世逸才，又稱筆墨謹嚴，齒牙非易。借今於志乘譜牒中，得見吉光片羽，洋洋灑灑，沛若江河，眞名手也。

（《續纂句容縣志、卷二十、拾補》）

---

⑱羅正鈞纂：《船山師友記》，見周駿富輯：《清代傳記叢刊》學林類四十册，（台北：明文書局，民國七十四年初版）。

由此可知張芳在當時，文章沛若江河，以名手稱之。然而張芳雖功成名就，他卻欽佩王船山，感覺到「王先生芳名飛于大江南，某齷齪湖湘且十年」、「大抵英人靈智，半耗于科名」（〈與王船山先生書〉）自己已覺誤入塵網幾十年，於是急流勇退，宛然有淵明遺風，他並且自我期許能著述大就，藏之名山，傳之其人，云：

弟昔年嘗欲博搜明代經傳匯爲一編，謂經傳之性情血脈，及讀書種子也。世運覃晦冥，而此爲絕之種子可以維持天地，敷諸事業，則與日星同照，河山並峙。否則即爲七十子口授，與壁内之遺音。紹往開來，統緒不泯。（〈與王船山先生書〉）

張芳辭官在家後，返鄉築蓮喜樓等園亭，廣交宿儒，創作詩論，以老山林。故《南華經解・序》中云：「康熙六十年歲次辛丑長至日書於青元觀，邑同學弟張芳菊人氏拜撰」，可見得晚年與宣穎同爲隱逸的高士，兩人文章相伯仲，意氣相投，同樣有不隨波逐流之清風亮節，思維投契，故深諳宣穎《南華經解》宗旨所在，才會直呼「是書之行，其有功於孔孟甚大，曷可少哉！」

宣穎其文章，今雖不見，但借由《南華經解》既重義理的理性，與兼備文人評文的感性，兩者陶鑄在《南華經解》中，如其評注〈齊物論〉云：「將物化收煞，齊物論眞紅爐一點雪也」，以澹蕩輕搖之筆，寫盡莊子「玄映空明，解脫變化，有水月鏡花之妙」（〈莊解小言〉）讓人深深懾服在其才情之中。再借由張芳之文章，前賢評論爲文筆謹嚴，揮灑自如，既然與宣穎相伯仲，宣穎雖未有文稿傳世，亦可借張芳之文想見一二。

小結

宣穎，字茂公，《句容縣志》將其字號及拔貢時間記錄錯誤，正確應是順治十二年（西元一六五五年）拔貢，年少聰穎的宣穎爲名門之後，卻生於明末清初的天崩地解時代，時代的離亂，生不逢時的挫折，加上無顯赫的師承或後學，仕進之路又不順遂，便隱逸其行，不求功名，以孝行聞名，親死築廬墓三年。宣穎的家族是重視孝道，具有傳統儒家之觀念，家鄉是江蘇句容縣崇德鄉，是道教上清茅山派的勝地，宣穎亦受其存思養神的觀念影響；宣穎之師友多討論四書、孔顏之樂，也給予宣穎許多的啓發。至於晚年，以七、八十歲以上，年屆「從心所欲不逾矩」，才於康熙六十年（一七二一年）於青元觀完成《南華經解》一書，顯現的是幾經世事與滄桑、遇事圓融淡泊的智慧，在儒家與道家的智慧中尋求平衡，在文學與哲學中得以開拓，在没没無聞中顯現其瑕不掩瑜的光芒。

第二節　《南華經解》之板本及流傳

宣穎《南華經解》，於康熙六十年即版行於世，而後其書流布甚廣，主要有康熙本、嘉慶本、同治本、光緒本、上海本較爲著名。茲將其書由清初至今所見之板本說明如下：

一、板本介紹

（一）康熙本

●清康熙六十年辛丑（西元一七二一年）寶旭齋刻本，爲三卷，見吉林：《中國哲學史史料學概要》。

●清康熙六十年辛丑（西元一七二一年）積秀堂刊本，見嚴靈峰《老列莊三子知見書目》。

●經國堂版本，全書十一册裝乙函，線裝本，見《香港學海書樓藏書目錄》。

●經綸堂梓行本，共六册，見吳康《老莊哲學》附見書目及版本。

（二）嘉慶本

●清嘉慶間王暉吉校，海清樓刊本，爲六卷，見《老列莊三子知見書目》。

（三）同治本

●清同治五年吳坤修刻本，三十三卷，翁同龢跋並錄佚名批注三册，十二行二十四字，黑口四周雙邊，見北京圖書館《古籍善本書目》。

●清同治五年吳坤修皖城藩署刻本，清楊沂孫批並跋，見上海古籍出版《中國古籍善本書目》，現存上海圖書館。

●另：存七卷（一至七），清同治五年吳坤修皖城藩署刻本，清楊沂孫批校，見上海古籍出版：《中國古籍善本書目》存江蘇常熟市圖書館。

●清同治六年丙寅（西元一八六六年）半畝園刊本，三十三卷，六册，見《江蘇省國學圖書館圖書總目》、《南京圖書館書目二編》、台灣《莊子叢書集成續編》三十二册。

（四）光緒本

●清光緒間懷義堂刊本，六卷六册，國立中央研究院歷史語言研究所藏。馬森《莊子書錄》云此書：「列蘇疑四篇最後，半葉九行，行廿四字，經文頂格，釋文低一格，前有宣氏自序及莊解小言。是本紙極劣，印刷亦劣。」今台北：廣文書局印行，民國六十七年七月初版。

●清季海清樓翻刻本，爲六卷《中國哲學史史料學概要》。

（五）上海本

●上海存古齋石印本，全書六卷，線裝本六册乙函，士禮居藏本。

●上海廣益書局版，全書六卷乙册，線裝本，見香港學海書樓藏書目錄。

●民國三年上海會文堂書局石印本，見嚴靈峰《老列莊三子知見書目》。

●民國五十八年台北宏業書局影印上海會文堂石印本，四卷乙册。（六十六年六月再版）

二、板本說明

目前筆者手邊《南華經解》有四種板本，分別說明如下：

（一）台北：宏業書局印行

1. 板本由來：影印上海會文堂書局石印本。

2. 出版時間：有五十八年六月及六十六年六月再版二種，內容相同。

3. 封面：五十八年版，書名楷體，位置在中。
六十六年版，書名隸體，位置在左。

4. 版面格式：

(1)版框，直線是單邊。

(2)行格，半頁十八行，每行三十七字。

(3)版心，書卷次、篇名、頁次，單魚尾、黑魚尾。

(4)象鼻：白口記書名。

(5)內封面：有邊框題「莊子南華經解」，字較大以顏體書之，左下方記「周之楨題」蓋印。

5.內容：

(1)序：張芳序。

(2)自序：宣穎〈南華經解序〉。

(3)凡例：〈莊解小言〉。

(4)目錄：內篇解題及目次在卷一。
外篇解題及目次在卷二。
雜篇解題及目次在卷四。

(5)分四卷。

6.附註：板本篇名記錄清楚，字跡整齊，印刷清楚，有前人圈點，有助於閱讀。惜輾轉印行，以至下七篇有缺文者，以新編頁次記之，〈德志符〉頁五一、〈天運〉頁一一七、〈刻意〉頁一二六、〈至樂〉頁一三九、〈則陽〉頁一八九、〈天下〉頁二一二、〈秋水〉頁一二九。

(二)台北：藝文印書館印行

1.板本由來：藝文印書館據清同治六年半畝園刊本影印。

2.出版時間：清同治六年（西元一八六七年），《無求備齋莊子集成續編》三二冊。

3.版面格式：

(1)版框：版框四周一粗一細，外粗裡細，爲雙文武邊欄。

(2)行格：半頁十二行，每行二十四字。

(3)版心：記書名、卷數、頁次，單魚尾、黑魚尾。

(4)象鼻：上面黑口，下面記「半畝園藏書」之板本名稱。

(5)內封面：四邊爲文武邊欄，分三行，中間以隸體書，寫書名「南華經解」右蓋二個後人藏書章，封面後有篆書刊記「同治丙寅年九月梓刊於皖城藩署」，記刊刻者姓名、年月，邊框圍作鼎形。

4.內容：

(1)序：先是「同治丁卯春正月新建吳坤修書於皖江藩署」，再是「康熙六十年次辛丑長至日書於青元觀精舍，邑同學弟張芳菊人氏拜撰」。

(2)自序：「康熙六十年歲次辛丑句曲後學宣穎茂公」自序。

(3)凡例：〈莊解小言〉。

(4)目錄：內篇目次在卷一。

外篇目次在卷八〈駢拇〉前。

雜篇目次在卷二十三〈庚桑楚〉前。

(5)分三十三卷。

5.附註：印刷清楚，昔版心未錄篇名，只記卷次，查詢不便；又無圈點，閱讀不易。

(三) 台北：廣文書局印行

1.板本由來：中央研究院藏懷義堂版。

2.出版時間：民六十七年七月初版。

3.版面格式：

(1)版框：粗線單邊。

(2)行格：半頁九行，每行二十四字。

(3)版心：書篇名、頁次。

(4)象鼻：上記書名，下記卷名。

(5)內封面：四邊爲亞字形框，分二行，第一行書「句曲宣茂公先生者」以柳體楷書寫；二、三行寫較大字之「莊子南華經解」；三行下書較小字「懷義堂藏版」。

4.内容：

(1)自序：宣穎自序。

(2)凡例：〈莊解小言〉。

(3)目錄：內篇在卷一。

外篇在卷三。

雜篇在卷五。

(4)共六卷。

5.附註：無張芳序，書中有圈點，及後人批於句旁的圈點，印刷甚不清楚。另有四處眉批：在〈天下〉：「禹親自操槖相而九雜天下之川」，眉批云：「閱江樓記中有此話」。〈盜跖〉：「小盜者拘，大盜者爲諸侯，諸侯之門，義士存焉」，上面眉批云：「太史公游俠傳即引此言」；另外，同此篇「小人殉財，君子殉名，其所以其性，則異矣」，上面眉批：「賈生言出此」；又於本篇「以人之情以欲視色」，上面眉批加一「目」字。

(四)線裝書：士禮居藏本存古齋校印

1. 板本由來：上海存古齋石印本，一函六册。

2. 出版時間：不詳，筆者購自北京書店。

3. 外型：線裝書，四針眼，用線裝。以函套保護書籍，因年代已久，草板紙爲裡，外敷藍布皆破損不堪。六册中僅一、二、三卷尚有書簽，上面題寫大字「莊子南華經解」書名，及較小字「士禮居藏本存古齋校印」。

4. 版面格式：

(1) 版框：書版四周爲雙邊。

(2) 行格：半頁一六行，每行三六字。

(3) 版心：書卷次、篇名、頁次，單魚尾、黑魚尾。

(4) 象鼻：上面白口記書名。

(5) 内封面：雙邊三行，以楷體書寫，第一行「句曲宣茂公先生著」；第二行字體大「莊子南華經解」；第三行「上海存古齋石印」。背面印有存古齋出板目錄十八本。「集古名人艸字彙，集古名人艸書千字文，原拓快雪堂法帖，趙孟頫龍興寺長生碑，成親王歸去來辭，黃太史臨九成宮，國朝名賢手扎墨跡，存古齋叢盡初集，存古齋叢書二集，海上名人書稿，王冶梅縣譜，佩文齋叢書，御案詩經備旨，增注老子道德經解，薛立齋醫案廿四種，繪圖筆生花，（慈善小說）繪圖醒世奇觀，繪圖紅樓夢續集。」

5. 內容：

(1)序。

(2)自序：宣穎〈南華經解序〉。

(3)凡例：〈莊解小言〉。

(4)目錄：內篇目次在卷一。

外篇目次在卷三。

雜篇目次在卷五。

(5)共六卷，六册。

6. 附註：文字清楚，但紙張日久泛黃，又較脆，翻閱時易破損。與宏業書局版本比對後發現，除〈天運〉、〈則陽〉兩篇會文堂刊本的逸文，線裝書尚存外，其餘所脫之字與宏業書局上海會文堂刊本完全相同，而卷數六卷，會文堂刊本四卷，其書既已兩篇中有文字脫漏，至宏業書局之會文堂刊本則有七篇文字脫漏，故推論：此本較會文堂刊本爲早。

三、其他

另有後人以《南華經解》為書名者，及摘錄宣穎《南華經解》成為童蒙作文之範本者，附錄於下：

●《南華經解》清方濳（字文通）評述，清光緒二十二年丙申（西元一八九六）桐城方氏刻本，見吉林：《中國哲學史史料學概要》。

●《南華經解選讀》，（按為宣穎《南華經解》），計錄內篇七，外篇錄駢拇、馬蹄、胠篋、天道、秋水、山木六篇，雜篇僅天下篇一篇，其序錄曰：「右十四篇皆義境高超，章法完整，循繹玩味，於養心作文之道，大有裨益，宣注顯豁，尤便初學，故選錄之，為家塾讀本云，壬申孟冬周學熙室識。」是篇既為家塾童蒙，然以宣穎之注為教授，其淺深恐非所宜也。中華壬申十月周氏師古堂刻分上下二冊。⑲

以上是宣穎《南華經解》板本介紹及說明。大致說來以宏業書局所刊之板本，較為通行

⑲見黃師錦鋐：〈六十年來的莊子學〉，《莊子及其文學》（台北：台北東大圖書公司，一九七七年七月初版，一九八四年九月再版），頁二七七。

，其書除文字有些許遺漏外，字體、篇名都清楚明白，以平裝本行世，易於攜帶；藝文書局半畝園刊本，列入無求備齋莊子叢集成續編三十二冊，字體清楚，爲精裝本，卻無單行本發行，又無圈點，因而並不流行於坊間；國立中央研究院藏懷義堂版，廣文書局本，印刷的最不清楚，此板本不佳。至於方文通的《南華經解》及《南華經解選讀》並未做一般單行本刊行。

第三章《南華經解》之撰述背景

宣穎《南華經解》之成書時間是清康熙六十年（西元一七二一年），其時代背景正是明清之際，亦即是明萬曆中期到康熙時期，歷史進入一個「天崩地解」的大動蕩時代，也是「思想之新天地」❶時期。各地方起義事件不斷，江南地區又有復社事件，造成一股激盪現實的無情，迫使傳統的儒者，進行深刻的反思，於是文人紛紛提倡經世致用之學，將宋明義理之思維，走上清理和總結之路❷，如東林學者顧憲成、高攀龍等人，批判王學末流之空疏，欲以實補虛。此時之莊學，在學者眼中成為玄虛之思，注解莊子之學者，亦走上總結宋明義理之方向。宣穎《南華經解》在此特殊之時空背景下，自然會受到清初莊學之外緣因素、內緣因素及清初莊學之發展，而有所影響。茲說明如下：

❶錢穆：〈前期清儒思想之新天地〉，《中國學術思想史論叢》(八)（台北：東大圖書公司，民六十九年三月初版，民七十九年四月再版），頁一。

❷參見劉宗賢、謝祥皓：《中國儒學》（四川：人民出版社，一九九八年八月，2版），頁七三九。

第一節　清初莊學之外緣因素

一、明亡衝擊

宣穎所居住之江蘇句容縣，即位於南京東南九十里處。南京是明朝的留都，爲人文薈萃之地，自從明嘉靖以來，結社之風已盛，張溥等人認爲必須集合多方面的人士，砥礪名節，「共興復古學，將便異日者，務爲有用，因改名爲復社」（陸世儀《復社紀略》）當時有氣節而知名的人士像張溥、張采、陳子龍、夏允彝、方以智等人都參加復社，並在南京和蘇州虎邱共舉行三次大會，他們這些復社名士，承接晚明東林遺風，發揚其「冷風熱血，洗滌乾坤」的精神，抨擊時政，慷慨悲歌，積極從事現實的政治抗爭，清軍征服江南後，知識分子結黨結社，並未中止，順治七年（西元一六五〇年）時，江南道御史上奏道：「時士人風尚，相沿明季餘習，爲文多牽綴子書，不遵傳注。」於是，清世祖乃於順治九年（西元一六五二年）正式頒布禁止黨社的敕令。

於是有心人士，由公開結社轉爲秘密活動，如蘇州顧炎武辦驚隱詩社，淮上有望社，廣東有西園詩社等，黃宗羲、顧炎武、陳子龍、夏允彝等復社巨子，領導江南百姓奮勇抗清。但或遭清人逮捕，或作壯烈的犧牲，或托跡于空門、或做黃冠道士，隱居山林，甘處于荒江老屋，脫離現實，或流亡國外，或深入民間，潛心反思，總結明亡之教訓，或著書立說，或質測考察，以探求濟世、致用之學。

現實如此無奈，但學者之志節尚在，正如黃宗羲胞弟黃宗炎，教導他的門人說：「諸君但收拾聰明，歸之有用之一路。任達之士，托情物外，則自謂有觀化之樂，故鼓缶而歌；不然憂生嗟老，戚戚寡歡，不彼則此，人間惟此二種，皆凶道也，君子任重道遠，死而後已，衛武公之所以賢也。」❸有志之士，身當此國破家亡之世，人人以孤臣孽子之心，任重道遠之志，託情於物化，才得一己之天地，在此因緣之下，文人紛紛投入義理注疏、文字考證之學。

順治十八年至康熙六年（西元一六六一—一六六七年），此時正是清朝王室，以四大臣輔政期間，以鰲拜為首的四輔臣，抵制漢化，倒行逆施。尤其是對漢族知識份子加以迫害，使得整個社會呈現凋蔽萎靡之態。順治十八年（西元一六六一年），又發生一件奏銷案，江

---

❸參見（清）李元度：《先正事略・隱逸》；謝國楨：《明末清初的學風》（北京：人民出版社，一九八二年六月），頁八—十二；步近智：〈東林學派與明清之際的實學思潮〉，《浙江學刊》，一九九一年四月，頁七三—七九。

南蘇、松、常、鎭四府，曾爲抵制清廷，「薙髮令」而浴血抗命，清廷因此對該四府課以重賦。朱國治爲江寧巡撫後，將欠賦稅的地主士紳一萬三千餘人，以「抗糧」的罪名造册上奏。結果，凡是錢糧未完者，以及秀才、舉人和進士皆被革去功名，官方現職者一律降黜二級留用，對縉紳之士加以拘鞫斥黜；共計一萬三千五百餘人，遭到枷責鞭撲、斯文掃地，所謂縉紳之家，無一倖免。其後江蘇又發生了著名的「哭廟」案，而遭「重辟者七十人，凌遲者十八人，其餘絞者數人」（《研堂見聞雜錄》）。這種報復性的警告，打擊漢族士紳的反抗意識，和參政意識，斷絕漢族知識分子的仕進之路，其威攝之力，足以儆其效尤者。

清政府在嚴厲禁止和鎭壓知識分子黨社運動的同時，爲了消除漢人抵抗，對於知識分子，採取壓制與籠絡並施的手段。順治十七年（西元一六六〇年）八月，張縉彥被彈劾其文有「將明之才」，而被奪去大學士之職後，「文字獄」就開始了。清初康、雍、乾三朝屢屢興起文字獄，其數量之多，以及牽連之廣，實是前所未所有的，漢人之言論思想，均失自由，如莊廷鑨之明史獄，戴名世之文集獄等，相繼而起。

康熙二年（西元一六六三年）發生「莊廷鑨私刊朱國楨明史案」，經人告發，獄成、時廷鑨已死，戮其屍，作序之李令皙、弟弟廷鉞，以及其四子皆伏法，並誣及江楚諸名士，列名書中者，刻工及鬻書者皆死，此案同死者七十餘人，遣戍者百餘人；江楚名士、驚隱詩社領袖吳炎、潘檉章，俱磔於杭州。此案以抹煞漢族士紳復明之念，開有清一代，禁錮思想言論自由之先河。否定了知識份子的良知，以及社會的責任感，扼殺了社會公正和正義的呼聲，更嚴重阻滯中國社會之進步。學者處於異族淫威之下，國家光復之望既絕，而動輒得咎，或至於戮及父母、兄弟、妻子、朋友，故不得不移其精神，專致力於經史考證之學，處於無咎無譽之地。

以上所述，都是發生在宣穎周遭之事，也是清《句容縣志》、《續纂句容縣志》未能說明的部份，宣穎也許曾經參加過復社事件，也許曾遭到革除功名之處分，甚至受到枷責鞭撲的刑罰，由於沒有遺留宣穎之文稿，縣志上又無記載，無法做直接的印證；但是宣穎的「不樂仕進」、張芳的稱疾辭官，也許都有對時勢之不滿，對統治者之怨怒，於是以不參與政治，沉潛於著述中，做為消極之抵抗。

二、人本覺醒

明朝末年其政治已難以繼續維持，儒家狹隘的道德至上，也走上成事不足，敗事有餘的窮途末路。西元一六四五年五月，清軍入關後，揮師南下，在揚州遭到史可法率領的明朝軍隊抵抗，清軍野蠻的大屠殺，民衆至少八十萬人死亡，這即是歷史有名的「揚州十日」；揚州城陷後，弘光皇帝和馬士英、阮大鋮帶著他們的「十車細軟，一隊妖嬈」逃出南京，剩下東林人士，禮部尚書錢謙益等人，爲使南京免遭「揚州十日」的慘禍爲理由，而向清軍稱臣，此時滿清王朝終於統治了全國。

清軍下江南後，又發生「嘉定三屠」，以及對江陰居民的屠戮，農業遭到嚴重的破壞，順治十八年（西元一六五一年）清王朝發布的在籍土地數額，僅有二百九十餘萬頃，只相當于明朝的37－38％，此時江南地區大量的土地荒蕪了。於是順治、康熙年間，推行招民懇荒，軍隊屯墾，獎勵地主墾荒，杜絕稅吏濫收，以確保稅收，其「阜民之道，端在重本」（康熙二十九年上諭）、「國家要務，莫如貴粟重農」（康熙三十九年七月諭戶部）。

然而當時的民生仍然非常痛苦，章太炎讀唐甄《潛書》後指出：「昔康熙中祀，名爲家給人足，諛者直書，雷同無異詞，獨唐甄生其時，則曰：「清興五十餘年，四海之內，日益困窮，中產之家，嘗旬月不睹一金，不見緡錢，無以通之，故農夫凍餒，豐年如凶，良賈行于都市，列肆焜耀，冠服華膴。入其家室，朝則窗無煙，寒則蜎體不伸。吳中居民，多鬻男女於遠方，遍滿海內」（《潛書·存言篇》）。由上述得知，當時人民的生活非常艱困，這是一般清初政府的文獻，不加以詳細敘述的。

清初對外貿易，於西元一六五六年下禁海令，西元一六六一年下遷界令，海禁政策一直延續到西元一六八三年清政府統一台灣爲止，因此，對外的貿易處於停滯狀態，康熙南巡蘇州時，發現蘇州造船廠每年可造遠洋船一千餘艘，但出海後約一半賣給外國商人，因此康熙下詔不許將船賣給外國人，又於康熙五十六年（西元一七一七年）下詔禁止通南洋、並收縮沿海通商口岸，使東南地區的經濟和民生蒙受重大損失。

經濟的凋弊與政策的大力推動，產生了新的經濟結構，加上與西學相接觸後，更提出「泰西水法」是「經濟所關」的學問；學者已傾向爲「經世致用」的新議題上。因而人們的思維轉向「人的重新發現」與「世界的重新發現」，此時的特色是：抗議權威、衝破囚縛，立論尖新而不夠成熟。例如：黃宗羲對工商業認爲是：「蓋皆本也」（《明夷待訪錄》〈財計〉三），提出「向使無君，人各得自利」、「爲天下之大害者君而已矣！」（《明夷待訪錄‧原君》），國家是「爲萬民非一姓」（〈原君〉）；對地方政治則主張：「政教風俗，苟非盡善，即許庶人之議」（《日知錄》卷十九〈直言〉條），何心隱和東林黨人則云「以友朋代君臣」、「以衆論定國是」，對整個政治制度與經濟結構，提出了他們不同的看法。如李贄云：「私者，人之心也。人必有私而后其心乃見。……如服田者私有秋之穫，而後治田必力，居家者私積倉之穫，而後治家必力。……此自然之理，必至之符。」（《藏書》，卷二）；又顏元說：「豈不思天地間田，宜天地間人共享之。」（《存治編‧井田》）這時學者開始重新定位人的意義，是人本意識因爲外在之衝擊，而開始逐漸抬頭。

經濟的改變，西學的傳入，深深刺激當時的學者、士大夫等，他們開始厭惡以明心見性之說，空談心性、坐而論道的空疏學風，轉而重視於治學的內容和方法，使得爲學宗旨和學風大為轉變。「經世致用」「為學當有實用、有實效」（朱舜水語）蔚成一時風尚。❹宣穎耳聞揚州十日屠戮，眼見民生的痛苦，通商河口的經濟凋敝，在宣穎心中，自然會有人本為主之覺醒，《莊子》的開闊逍遙之天地，讓宣穎在飽讀四書之後，產生了更深的體悟，於是著《南華經解》，期望一改莊子予人空疏之感，落實於儒家之義，開展了莊子人本之內涵。

三、國故整理

清初統治者，對明遺民採取籠絡與鉗制並舉的政策。順治十年（西元一六五三年）頒諭禮部，提出要「崇儒重道」（「道」指周、程、張、朱的道學），於是重六經原義，輕理學語錄；重基本道德準則，輕道學玄談；確立了重實學，輕純文學的思想文化。

康熙時代對文化的政策是「崇文尊孔」，康熙九年（西元一六七〇年）根據孔教儒學，制定和頒發「聖論」十六條，為普天之人道德規範和行為準則。並舉行經筵，講習經義，崇朱注，褒理學；康熙十八年（西元一六七九年），清政府為了籠絡世人，也為了擴大統治者的社會基礎，開博學鴻詞科，一時全國耆舊宿學，多為其網羅；康熙五十二年（西元一七一

❹參見陶清：《民遺民九大家哲學思想研究》（台北：洪葉文化，一九九七年），頁三七－八六。

三年）編纂《朱子全書》六十六卷；御制勒纂群經典籍，大昌文化，如《易》、《書》、《詩》、《春秋》、《字典》、《皇輿全覽圖》、《佩文韻府》、《淵鑒類函》、《圖書集成》至《全唐詩》、《古文淵鑒》，裨益學人，可謂美富矣！

學風因此而丕變，文人潛心學問，作爲逃避現實、充實精神的一條途徑；同時康熙皇帝尊奉理學，思想上以儒家經典和宋儒義理爲指歸；反映在文學批評上，則表現爲注重學問，尤其重視以經史爲根柢，如施閏章、朱彝尊等，強調以九經、三史廣博自己的學思，諸子之學，此時已至窮盡之處了。這顯然強化了詩文的創作，使其趨於雅正。❺對諸子之學較爲不重視。

國故要整理，校勘便發揮了作用，帶動了小學的研究，學者爲了考據而考據，期望經由實際文字上的驗證，辨明古典經書的眞僞，其研究方法走向重考證、重小學、以字通詞、以詞通道、重古義的方向，邁上對古文獻整理、校勘和保存最力的乾嘉學術。從此，經學爲學術主體，爲學術而學術之風尚形成，義理虛玄之思便遁入末流。❻

不過對於宣穎而言，身處於義理思維已屬末流之時，他卻有著不同於別人的驗證，他將莊子與儒家心學、中庸互爲表裡，並將莊子推至與六經同樣崇高之地位，此爲宣穎結合了時代之特性，卻又不同於時代的獨創見解。

---

❺王運熙、顧易生主編：《中國文學批評通史・清代卷》（上海古籍出版社，一九九六年十二月一版），頁八。

❻參見《中國文哲學研究通訊》一九九四年第四卷第一期。

第二節　清初莊學之內緣因素

一、深沉反思

自世祖順治入關起，南明政權覆滅，復明無望，清儒在異族政權嚴厲的統治，於刀繩、牢獄交相威迫之下，懾於淫威、學者身當途窮路絕之季，多半歸隱山林，或躬耕自食、或教授鄉里、或屢徵不應、或隱居撰述，或流亡海外，甚至有絕食而卒者。

深沉的歷史使命感，加上強烈的社會責任感，成爲他們在國破沉淪的境況中，走向矻矻孜孜、著述不輟，他們尋求理性的支持，追求安身立命之所。錢穆先生對清初儒者的看法是：「清初學術，直承晚明而來，但未依晚明的路向發展」，「其精神直可上追晚明諸遺老，間接承襲了宋明儒思想的積極治學傳統」❼「清初學者多主調合朱王，折衷宋明」❽「然余觀明清之際，學者流風餘韻，猶往往沿東林。以言學術思想，承先啓後之間，固難判

❼錢穆：〈前期清儒思想新天地〉，《中國學術思想史論叢》（八）（台北：東大圖書公司，民國六十九年三月初版，民國七十九年四月再版），頁一。

❽錢穆：〈清儒學案序〉，《中國學術思想史論叢》（八）（台北：東大圖書公司，民國六十九年三月初版，民國七十九年四月再版），頁三七三。

劃。」❾錢穆先生在其書中，一再地表示對清初儒者予以肯定，認爲他們是調合朱王，折衷宋明，爲思想之新天地時代。

清初是受異族統治的時代，雖然之前的宋明理學，是深入佛教（特別是禪宗）和道家之室而操其戈的，但是此時此刻，釋氏說一個「虛」字，聖人又豈能在「虛」字上添得一個「實」字？老氏說一個「無」字，聖人豈能在「無」字上添一個「有」字？學者們開始批評程朱陸王，空言內在心性，而不及外在事功，其實是總結老莊，是墮于虛無的腐朽學風。故顏元指出：「漢宋之儒，全以道法摹于書，至使天下不知尊人，不尚德，不貴才。」）《存學編》卷四）學者對老莊之學，認爲是自我主義太重，不知尊德尚才之學，而非常鄙視的。

由於清儒在亡國之痛，生靈塗炭之際，一時間故國遺老，在深沉的反思後，期望在學術上，力圖推陳出新，欲總結前人優秀的思維，並提出不同於先哲的看法，如顧炎武的經學、考據之學，黃宗羲的浙東史學，傅山子學的研究等。但是，其所思、所見、所討論之議題，終究脫不去宋明相傳六百年理學的特色，因此錢穆與馮友蘭先生都提出了相近的看法❿：

---

❾錢穆：《中國近三百年學術史》（台灣：商務印書館，一九三七年五月初版，一九九六年七月二刷），頁九。

❿錢穆：《國學概論》（台北：商務印書館，一九三一年五月初版），頁二四六；馮友蘭：《中國哲學史》下册，（台北：商務印書館，一九九四年四月初版；一九九六年十一月），頁九七四－九七五。

若夫清初諸儒，雖已啓考證之漸，其學術中心固不在是，不得以經學考證限也。蓋當其時，正值國家顚覆，中原陸沈，斯民塗炭，淪於夷狄，創鉅痛深，莫可控訴。一時魁儒畸士，遺民逸老，抱故國之感，堅長遯之志，心思氣力，無所放洩，乃一注於學問，以寄其守先待後之想，其精神意氣，自與夫乾嘉諸儒，優遊於太平祿食之境者不同也。又況夫宋、明以來，相傳六百年理學之空氣，既已日醲日厚，使人呼吸其中，而莫能解脫。

（錢穆《國學概論》）

錢穆先生在此提出清初儒者，在國家顚覆之際，以深沈的悲痛，注入於學問之中，其精神意氣，仍存有理學的空氣。而馮友蘭先生更明白指出，清初儒者所討論之問題，所運用的語彙，皆不出宋明理學之範疇，雖名爲反道學，其實仍是道學之繼續發展。他說：

宋明人所講之理學與心學，在清代俱有繼續的傳述者。……蓋此時代之漢學家，若講及所謂義理之學，其所討論之問題，如理、氣、性、命等，仍是宋明道學家所提出之問題。其所依據之經典，如論語、孟子、大學、中庸等，仍是宋明道學家所提出之四書也。就此方面言，則所謂漢學家，若講及所謂義理之學，仍是宋明道學家之繼續者。漢學家之貢獻，在於對於宋明道學家之問題，能予以較不同的解答，對於宋明道學家所依經典，能予以較不同的解釋。……漢學家之義理之學，表面上雖為反道學，而實則係一部分道學之繼續發展也。

（馮友蘭《中國哲學史》下册）

清初學術，在形式上是按照復歸經學以通經致用，注重史學以推明大道，揚棄程朱陸王以總結宋明道學為其特色。學者們震驚于當時的政治變局，把亡國敗辱引為沉痛教訓，「哀其所敗，原其所劇」（王夫之：《黃書·後序》）⓫。理學的解體，亦象徵莊學的式微，清儒在通經以致用的考量下，將莊學引領到另一境地。宣穎在此環境之下，也掌握了「通經致用」的考量，將莊子與宋明理學鎔鑄，把宋明理學家對孔顏心學之討論，提出不同之見解，使其成為既具宋明特色，又兼有儒家積極意義的莊學風格。

二、崇實黜虛

⓫蕭萐父、許蘇民：《明清啓蒙學術流變》（遼寧：教育出版社，一九九五年十月），頁二六六－二九九。

清初的文人，有參與抗清者，有終生隱居不仕者，有逃往國外避難者，其思想，「是一種歷史的反省，是一種綜合的批評」⓬，認爲「天下之大害者，君而已矣！」（黃宗羲：《明夷待訪錄‧原君》），其學術的主潮是：「厭倦主觀的冥想，而傾向於客觀的考察。」⓭對理學末流空談心性，「教人半日靜坐，半日讀書」（《朱子語類評》）加以批判，於是提出崇實黜虛，尚科學精神的啓蒙意識。

此時儒者已由「尊德性」轉入「道問學」，正如錢穆《中國思想史》所云：「顯然從個人轉嚮於社會大群，由心性研討轉嚮到政治經濟各問題，由虛轉實，由靜返動。由個人修養轉入群道建立。」學術思想的改變，深深影響著清初之儒者，他們紛紛對現實環境予以考量，做一個不同宋明理學的解釋。

而後清代考證學的興起，代表理學的衰落和解體，而宋明以來程朱之學和陸王之學，在道問學和尊德性的辯論，至晚明時已各執己是，只有回頭探求儒學的原始意涵，才是正確之路；所以清儒從玄學思想，變爲發掘經典的眞正意義，以考據之學替代心性之學，崇實黜虛

⓬錢穆：《中國思想史》（台北：學生書局，民國八十四年八月九刷），頁二四五。
⓭梁啓超：《中國近三百年學術史》（台北：里仁書局，民國八十四年二月初版），頁一。

的學風也因之形成。故余英時〈略論清代儒學的新動向〉⑭云：

清儒所嚮往的境界可以說是寓思於學，要以博實的經典考證，來闡釋原始儒家義理的確切涵義。清初顧炎武「有經學即理學」的名論，而方以智也提出「藏理學於經學」的綱領，他們不約而同地爲此下一代儒學的發展規劃出一個嶄新的方向。

清初儒者顧亭林，深斥宋明儒之清談孔孟，如同魏晉之清談老莊，並提出「經學即理學」的明確口號，並倡「舍經學無理學」之說，教導學者脫離宋儒之羈靮，直接返求古經，學問不當求之於冥思，或於書册中，而切實於日常行事，因此清代學術，盡闢不切時務之談，而歸於實事求是，皆以經世致用之道爲主。又如王夫之、黃宗羲等人，雖湛深於義理之學，亦窮力於史學，皆是以致用之方爲原則，一反往日浮虛之習，遂建立清代學術徵實之基礎。

宣穎身處思想觀念改變的時代，於《南華經解》中提出對舊注解的茫然，在詮釋時強調舊注解之錯誤與不知之處，用文理之剖刀，分肌析理，以求莊子之文，窾會分明，亦是以學

---

⑭余英時：《歷史與思想》（台北：聯經出版社，一九九七年六月初版，第二十刷），頁一五九。

術之徵實為著眼點。

三、道教雜糅

隋唐以後，道家作為學術流派，已經不復存在，而與道教混為一體，兩者密不可分。一些排斥道家學說的學者，其所排的「道」或「老」，一般都是道教和道家兼指的，如唐代的韓愈、宋代的石介、朱熹等等無不如此。另外，唐代的道士如成玄英、李榮、司馬承楨、杜光庭等，皆強調「重玄」，明顯的將老莊道家思想義理化，並把道教和道家的界限加以模糊。道教也就成為道家思想的繼承者，以及道家文獻典籍的保存者和弘揚者。⑮

明中葉以後道教漸趨衰落，在政治上對於朝政的影響減弱，清初順治、康熙、雍正三朝，從籠絡漢人的角度出發，對道教尚能沿續明例，加以保護。但是，由於清人原係滿族人，未入中原以前，即信奉格魯教派，故皇室較為尊崇藏傳佛教，對道教全眞教及金丹術還算重視，但其他教派活動，則多是以民間為主，朝廷不再全力扶植道教，有時還加以限制，加上經論教義缺乏創新，道教團體中已很少出現傑出的高道，組織發展衰降，表現的是「師

⑮見徐洪興：《思想的轉型—理學發生過程研究》（上海：人民出版社，一九九六年十二月），頁五二一。

愈多而道愈歧，德愈薄而心愈昧」「仙派源流於今幾絕」（張清夜云），即勢力單薄，組織鬆弛，系統的教義幾乎無人繼承，紛紛流於歧途和淺陋的民間信仰罷了。⑯

雖然當明清之際，亦有部分的道教之士，隨著三教融一的潮流，也大量吸收儒家思想和佛教思想；並對道教內丹方法，作了大量的宣傳和弘揚工作；並在道教的科儀上，作了許多的變化；還強調道教教化的功能，儒生也重視道教的勸善書籍，當時的儒者如惠棟、俞樾乃至於王國維都注了《太上感應篇》，可見得仍有一部份如茅山上清派這些清流之士，以重存思的方法，期望將道教走向理論化、學術化之路，但是在當時亦不受到重視。

根據上述，道教與道家的雜染，使莊學顯得更加落寞，清初莊學，便在欲總結宋明理學，又批判理學，又不願依附道教、佛學之下，產生了如王夫之、林雲銘、宣穎等援儒以釋莊，以文理評莊的另一番氣象。

清初儒者處於外有亡國之痛，經濟、西學之衝擊，官方以整理國故以籠絡士子，以政治威逼以箝制思想，內有對宋明理學思維的整理、批判與改進，在深沈反思咀嚼後，提出崇實

---

⑯參見朱越利：《道教答問》（台北：貫雅文化公司，民七十九年十月），頁八六；任繼愈編：《中國道教史》（台北：桂冠書公司，一九九年十月）；陳耀庭：〈藏外道書和明清道教〉，海峽兩岸道教文化學術研討會論文（下冊）（台北：學生書局，民八十五年十月），頁九一四。

黜虛、尚實致用之看法，宣穎在時代的影響之下，對莊學能秉持更爲客觀之立場，除去符籙神仙之色彩，以義理詮莊、文理解莊，顯現一個推陳出新、卓然不群之新見解。

第三節　清初莊學之發展

一、由義理至訓詁

魏晉以來，莊學興盛，談玄重義理之風，綿延而不絕，唐韓愈雖同時排斥佛、道，但又說莊子出於子夏之門，可以看出當時已出現儒道合流之跡象，宋、蘇軾倡莊子「陽擠而陰助」之說，注莊者如林希逸《口義》亦隨之標榜「援莊入儒」，亦以「佛義解莊」，或以「道教解莊」，莊學遂成爲義理思維之擅場。

至於清初，學者的重心多半在於經學，莊學則大部分是延續宋明，側重於宋明理學的理論批判和總結工作。例如傅山注經亦注莊，他在清代子學上的貢獻是：經學不分的思想。他指出「今所行五經四書，注一代王制，非千古道統也。」（《霜江龕集》卷三六），並認爲「經子之爭亦末矣，只因儒者知六經之名，遂以爲子不如經之尊，習見之鄙可見」（《霜江龠集》卷三八），此後章學誠也有類似見解，認爲諸子之學，莫不持之有故，言之成理。但是，基於時代崇實黜虛之風氣影響，對於諸子之學，已由重視義理而轉爲訓詁之學。

清初以義理解莊者有二派，一派以宣穎、林雲銘、王夫之爲主；另一派，則牽合程、朱理學，比附周敦頤的太極圖說。他們處於丕變的時代，學風一變宋明理學，而成爲樸實之學。治學以實用爲主，爲學必需以有利於國計民生爲出發點，於是學術的趨向是，突破經學的界限，向史學、子學，以及凡有利於民生的思想學說吸取營養，對莊子之校勘、訓詁頗有創獲，然而對義理的思維卻逐漸減少，這樣的結果，雖然打破經學本位的思想，向匯通百家的方向發展⑰，但相對的，在義理上的深度與廣度，顯然是不及前人的。故清初莊學是由義理轉向訓詁的過渡與啓蒙時期。宣穎、林雲銘、王夫之等人，即是能掌握時代的脈動，成就宋明理學之特色，以文解莊另闢新境，圓融的拓展出莊子哲學與文學的特質，予以後來之注莊者啓迪與推展。

二、莊學爲雜糅神怪

⑰丁冠之：〈論明清實學的早期啓蒙思想〉，《山東大學學報》一九九一年三月，頁八二。

清初莊學因雜揉道家陰符、煉丹之術，因此學者對清初莊學甚爲忽視，由官方修輯的《四庫全書》對子部目次中道家排序的位置，可略見端倪。《四庫全書》子部共有十四類，而道家是排於最後一項，其排序如下：

一、儒家；二、兵家；三、法家；四、農家；五、醫家；六、天文家；七、術數；八、藝術；九、譜錄；十、雜家；十一、類書；十二、小說家；十三、釋家；十四、道家。

道家列於天文、術數、雜家、釋家之後而居於末流，可觀出清代對道家的不重視。另外《清朝文獻通考》亦把道家類文獻列於末流⑱，《清朝續文獻通考》道家類文獻則全無⑲，可見官方對道家甚爲忽視。

---

⑱清高宗敕令修纂：《清朝文獻通考》於〈經籍考〉卷二二五－二三〇卷，將子部分爲十八如下：儒家、法家、雜、小說、農家、譜錄、天文、推算、五行、占筮、形法、兵家、醫家、類書、藝術、道家、釋氏、神仙。道家列於十六。（台北：新興書局）

⑲清高宗敕令修纂：《清朝續文獻通考》，於〈經籍考〉一七九－一八八卷，將子部分小說家、農家、譜錄、天文、推算、五行、占筮、形法、兵家、醫家、神仙家、釋家、類書、雜藝術等十四類，道家經籍未著錄。（台北：新興書局）

看法：《四庫全書》卷一百四十六，子部五十六，對道家類之題解，亦可以看出清人對道家的

後世神怪之跡，多附於道家，道家亦自矜其異，如神仙傳道教靈驗記是也。要其本始，則主於清淨自持，而濟以堅忍之力，以柔制剛，以退爲進，故申子、韓子，流爲刑名之學。而陰符經可通於兵。其後長生之説，與神仙家合爲一，而服餌導引入之，房中一家。近神仙者，亦入之，鴻寶有書，燒煉入之，張魯立教符籙入之，北魏寇謙之等，又以齋醮章？入之，世所傳述，大抵多後附之文，非其本旨，彼教自不能別，今亦無事於區分，然觀其遺書，源流遷變之故，尚一一可稽也。

由上述得知《四庫全書》認爲，道家本身已非原來「清淨自持，而濟以堅忍之力，以柔制剛，以退爲進」的面貌，它雜入了各種「神怪之跡」，如神仙靈驗之神仙家或長生餌導、符籙、燒煉、齋醮等道教末流，並有轉出爲刑名、兵法之學之變遷，道家雖不復本旨，但亦「自矜其異」「無事於區分」，把道家等同於道教，將其學術定義轉出，成爲民間宗教長視久生的信仰。

因此，清末民初之學者羅焌，在《諸子學述》⑳上對明末之道家，有以下之評述：

歷代子學，自漢崇黄、老，晉尚老莊，以迄明季，其間講論周、秦學術者，多爲道家一流。良由歷代帝王輒自著講疏注解，推明道家。流弊所及，甚或解以丹經，染以佛說，參以兵謀，群言混淆，無所折衷，轉不若晉人善談名理也。

道家與道教混，老莊與釋仙雜，使得莊學混雜各說，無所折衷。此爲莊學於明末清初之評價。宣穎《南華經解》卻獨樹一幟，將莊子與佛道之術區隔，重視莊子形而上之眞義，把握道家與儒家之共同點，加以復通爲一，此其有別於人的特殊之處。

三、莊學爲衰世著作

唐韓愈以來，儒者即以正統之姿斥佛老，宋儒更以「純儒」相標榜，將道釋認爲是「雜乎異端」，非議莊子爲「叛聖人者也」（晁說之《晁氏客語》），明白地指莊子爲佞人，如

⑳羅焌：《諸子學述》，（長沙：岳麓書社一九九五年三月），頁八五。

司馬光《迂書》云：「然則佞人也。堯之所畏，舜之所難，孔子之所惡，是青蠅而變白黑者也。」「夫老聃、莊周其亦近中庸而無忌憚者！」，朱熹在〈書皇極辨後〉一文中引程子評莊子爲「閃奸打訛」者，認爲莊子對後世的影響是流弊甚多。葉水心對莊子評爲：「不幸而有莊周之辭焉，則其流患於天下蓋未已也。」是「小足以亡其身，大足以亡天下矣！」宋儒認爲魏晉亡於莊子，云：「夫清談之弊正祖於老莊」「而喪邦由清談所致」（眞德秀語）。㉑可以由上述看出，宋儒對莊子一書，是以亡身亡國之作視之。

這種觀點在清儒者亦不乏繼之者，如顧亭林：「演說老莊，王弼、何晏爲開晉之始，以至於國亡於上，教淪於下。」（《日知錄《卷十八）王夫之說：「莊生之教得其氾濫者，則蕩而喪志，何晏王衍之所以敗也。」（《讀通鑑論》卷十七）洪亮吉則說：「莊列下導釋氏，啓魏晉六朝之亂」（《曉讀書齋初錄》載），顧炎武更視這種宋明心性之談，如同魏晉之談老莊，是使神州陸沈的最大之因，他說：

昔劉石亂華，本於清談之流禍，人人知之。孰知今日之清談，有甚於前代者，昔之清談老莊，今之清談孔孟。未得其精，而已遺其粗；未究其本，而先辭其末。不習六藝

㉑引自（明）陳治安：《南華眞經本義》附錄，卷六，頁一二八—一三一。

之文，不考百王之典，不綜當代之務。舉夫子論學論政之大端，一切不問，而曰一貫，曰無言。以明心見性之空言，代修己治人之實學；股肱惰而萬事荒，爪牙亡而四國亂；神州蕩覆，宗社丘墟。……今之君子，得不有媿乎其言。

（《日知錄》卷七・夫子之言性與天道）

故錢穆先生云：「莊子，衰世之書也」（《莊子纂箋》）林尹先生云：「學者以莊老為宗，談者以虛薄為辯，雖使神州陸沈，百年丘墟，而崇尚玄遠，餘風不歇」（《中國學術思想大綱》）㉒，這些議論都顯示出，清儒及後世學者視莊學為清談之空言，衰世之著作。然而宣穎卻不如此認為，他以為莊子所見之道體，是與孔子相同的；莊子直據道體，直言本心，其目的亦是化育萬物。宣穎轉化了一般人對莊子消極的看法，而以儒道互補的方式重新詮釋莊子。

四、莊學為經學附庸

近代學者考察清代莊學，多數認為清學以小學最為淵微，至於子部所觸，皆屬膚外，及

㉒林尹：《中國學術思想大綱》（台北：商務印書館，民國六十八年八月初版，民國八十四年一月四刷），頁二六九。

輕忽於義理探求之病。胡適在《中國哲學史大綱》㉓導言中即云：

清初的漢學家，嫌宋儒用主觀的見解，來解古代經典，有「望文生義」、「增字解經」種種流弊，故漢學的方法，只是用古訓、古音、古本等等客觀的根據，來求經典的原意。故嘉慶以前的漢學、宋學之爭，還只是儒家的內訌。但是漢學家既重古訓古義，不得不研究與古代儒家同時的子書，用來作參考互證的材料。故清初的諸子學，不過是經學的一種附屬品，一種參考書。

另外如梁啓超即直言《老子》《莊子》、《列子》這三部書「清儒沒有大用過工夫」（《中國近三百年學術史》）㉔，他以純粹實學的觀點考量清代莊學，則認爲：

《莊子》郭注剽自向秀，實兩晉玄談之淵藪，後此治此學者，罕能加其上。清儒於此種空談名理之業，既非所嗜，益非所長，故新注無足述者。

㉓胡適：《中國哲學史大綱》（北京：東方出版社，一九九六年九月二刷），頁六。
㉔梁啓超：《中國近三百年學術史》（台北：里仁出版社，民國八十四年二月初版），頁三二七。

錢穆在《莊學纂箋》㉕中亦云：

清儒治古書，所長在訓詁、校勘，所短在義理、文章。王俞兩家，在清儒治先秦諸子書中最具成經，其得失亦莫能自外。治莊書而不深探其義理之精微，不熟玩其文法之奇變，專從訓詁、校勘求之，則所得皆其粗跡，故清儒於莊書殊少創獲，較之魏、晉、宋、明、轉爲不逮。

綜合以上所述，近代學者對清初莊學頗爲忽視，多以總結宋明義理視之，認爲莊學已被神仙道術所取代，此種玄虛之說是國家滅亡之主因，經世治用才是實學，乾嘉之後考據學大興，莊學自此亦淪爲經學訓詁之附庸，遂甚少創見。可是宣穎卻以莊子與六經等同，認爲莊子是以「從而淡之」的理念，關懷社會的角度爲出發，終極目的亦是中庸之道。這種提昇了莊子經學的價值，開展莊子義理精微的見地是與後來只重訓詁、考證之注莊者不同的。

㉕錢穆：《莊學纂箋》（台北：東大圖書公司，民國七十四年十一月初版，民國八十二年一月四版），頁五。

小結

宣穎《南華經解》之撰述之淵源，可以由清初莊學的時空背景作一說明，當時明朝滅亡之衝擊、人本觀念之覺醒、國家典籍之整理，是宣穎所處的大環境，亦即是清初莊學之外緣因素；在文化的脈動上，學者深沉的反思，學術風氣是崇實黜虛，加上莊學已被道教雜糅，蒙上仙術之色彩，這是清初莊學之內緣因素；於是清初莊學之發展，成爲由義理至訓詁的啓蒙過渡時期，莊學被視爲雜糅神怪的衰世著作，莊學的地位在當時，成爲經學之附庸。然而宣穎卻能取其尚實之思維，儒道之鎔鑄，超拔於當世，而彰顯出莊子的積極意義，是相當不容易的。

第四章《南華經解》之撰述緣由

宣穎對《莊子》一書，可謂衷心服膺，「莊子之文，眞千古一人也」（《南華經解．自序》），莊子「眞自恣也、眞仙才也、眞一派天機也」（《南華經解．自序》），認為莊子「向使以莊子之才，而得親炙孔子，其領悟當不在顏子之下，而磨礪浸潤，以渾融其筆鋒舌巧，又惡知其出『不違如愚』之下哉！」（〈莊解小言〉）將莊子與顏淵並言，莊子幾乎成了儒家代言人，而讚嘆莊子之文，言「古今格物君子，無過莊子者，其侔色揣稱，寫景摛情，其有化工之巧」（〈莊解小言〉）眞可謂推崇倍至！茲將宣穎對莊子其人的理解、其文之理解、以往諸注之反省、莊子篇章之看法，以張芳與宣穎的序，以及〈莊解小言〉為根據，再加上書中的論述作為旁證，分敘如下：

第一節 宣穎對莊子義理之理解

一、莊子傾服聖門

宣穎以「仙才」直呼莊子，認爲其人乃因推仰夫子之至，其書乃爲聖門之津筏。宣穎之好友張芳，其見解看法，亦有相同的視野，對莊子亦以純然的儒者視之，張芳在《南華經解・序》中即開宗明義的點出，在「孔子没而微言絕，七十子喪而大義乖」的時代，儒墨之是非未定，即使儒墨各家是上天所命之聖哲再世，欲統一道術，也未見能夠推行。天下之儒者雖衆，但只有莊子能發揮孔子之微言、罕言之意，故張芳云：

> 顧吾嘗平衡而論天下之言，儒者眾矣！儒者以仁義正天下，俗儒徒名其仁義而行之，僞儒且利其仁義而竊之，吾安知儒者之果不為世禍也？……惟蒙莊者，獨與天地精神往來，而不敖於睨於萬物，有以見儒者一宗，蕭邈希微，常行於人倫物則之際，而孔孟之嫡傳，宛然其未亡。然則莊子之傳非別子，固大宗也。
>
> （《南華經解・張芳序》）

張芳在此即是將儒者區分爲俗儒、僞儒、眞儒，而莊子是眞正之儒者，是孔子之嫡傳，是儒家之大宗；宣穎對莊子的理解，亦是以眞儒視之，他以孔子爲眞儒，莊子學於子夏，是孔孟之嫡傳，是儒家之大宗。宣穎云：

可見莊子傾服聖門。……聖門子貢不及顏子處，也只因不受命。後人每有採莊子語附會神仙之術者，豈知莊子學問之上，聖門津筏之書也。（〈大宗師〉注）

莊子學於子夏，所稱夫子，多係孔子。（〈齊物論〉注）

獨有一丈夫，蓋眞儒也其人爲誰，非吾夫子不足以當之，夫子爲哀公時人，莊子蓋寓言，特曾吾夫子一人爲眞儒也。

余嘗謂莊子悟道，直據峰巔，與孔子子思相上下，止是行文必要奇怪，乃才情溢發，（〈田子方〉注）

在聖門中爲涵養未到者耳。（〈胠篋〉注）

宣穎既認爲「莊子學於子夏，所稱夫子，多係孔子」（〈齊物論〉注）又說：「莊子之書與中庸相表裡」（〈逍遙遊〉注）。宣穎把儒家的中庸拿來與道家的莊子作比，並認爲莊子因涵養不足，尚未到達聖人之境，所以其言鋒芒透露，原因是在於莊子未能親炙聖人，這裡的聖人，指的就是儒家的聖人孔子；而莊子畢竟是道家，如何與儒家爲一呢？宣穎云：

嗚呼！天地開闢以來，世愈積而事愈增，至於綢繆繁飾而無遺者，皆非人所能爲也。一道之精蘊，不至於暢發不止者也。譬之果木，由一仁而發兩荄，由兩荄上達而千枝萬葉生焉。此千枝萬葉豈非皆一仁之中之所全蘊，而不發不止者乎？特寓之於無，而見之於有，人自不克知耳。夫世自鴻蒙以迄周盛，則由根荄而枝葉畢具者也。枝葉蔽芾不可復剪，人胥悅其燦然，故有世道之責者，亦就燦然者相爲維持，此聖人之不得已也。夫聖人欲盡以精蘊示人，勢必有所不能，而先剪棄其枝葉，則是率天下而獸也。心尤有所不忍，故姑就燦然者爲維持，而以其精蘊俟之上智一貫之才，而不敢輕爲示，此聖人之體大而恩深，爲愛天下之至也。後有上智之才出焉，能自窺乎其精蘊，窺之而學，未及聖人之大且深也，則不復能有所俟，於是日取而津津道之，道之不已，而筆之爲書，而反側摹畫之，此莊子所爲作也。（《南華經解・自序》）

宣穎以道之暢發，譬喻成果木之生長，是由兩荄而能長成大樹，皆由一仁之所全蘊，而世人只見其枝葉燦然而悅之，不識此道能發蘊萬物，如同果仁從無而至有，一切萬物皆由道所暢發，而聖人體大而精深，以愛天下人之心，考慮如果以其道之精蘊示人，則必須先率天下，剪掉冗雜之枝葉，這豈是世人所願意的呢？即使一般使世人能夠接受，聖人之心亦不忍心如此，故而姑且維持燦然的現狀；而如莊子這樣的上智之才，尚未至聖人大且深之境，勢必津津樂道，將所識得道之精蘊，說個不停，這就是莊子不及聖人之處。然而莊子之所以如此，也是不得已的，因爲莊子之生，聖人已沒，微言已絕，百家爭鳴，莊子於是不能自禁，而發爲高論，故宣穎認爲莊子是「綺言以刪葉尋本，披枝見心」（《南華經解・自序》），將道以示世人，發而爲莊子一書。這樣看來，宣穎是認爲莊子所說的道，其內在的精蘊，是與儒家聖人孔子之道相同的，只是聖人考慮世人之情況，不輕易示人而已。

宣穎以莊子所識之道與孔子是同體的，雖然兩者表現的方式有所不同，但是「修之宥密之中，達之各物表」，人人有不同的根器，不同的見識，即使有相同的特徵，也是各如其面，不可同一而言，如「夫子申申夭夭，孟子晬面盎背，測其淺深有同符契。」（〈德充符・前言〉）所以，宣穎認爲莊子得之於孔孟，卻不同於孔孟。「豈得據其同體，謂德之克一哉！」（〈德充符〉・前言）若以貌取人，窺其一角，而誤識其一爲足，一爲柱，是不明眞正的道義的。故云：

孔子曰：以貌取人，失之子羽。鑒德者必知之矣！孟子曰：養其小體爲小人，養其大

體爲大人。進德者，必知之矣，雖然，才情縱蕩，又豈第拘方爲累云爾哉。飾智炫奇，流俗所望風推服者也，而有人亦遂詡自負，耀而不止，窺其中涵，澌散無餘矣！撤官骸之蔽，又踏智能之紛，悲夫，達才遜道於顏曾，程朱深戒於喪志，儒者皆知誦之，而莊子無情之言，謂非辨德之照鑑歟！

故宣穎以《中庸》之道，說明莊子之道，以孔顏心學，相比莊子之逍遙，又以「人之本性，道之所託也，惟無心無爲，斯能保焉。」（〈天地〉注）結合了莊子無己、無爲、無心與孔孟、中庸，一以貫之，成爲無入而不自得，開天地化育之功的「道」。

宣穎這種儒道互通的思維，除了有其莊學上歷史的背景外，和另外一位宣穎同鄉里，與張芳同年列進士榜的清初名畫家笪重光相契合❶。笪重光（西元一六二三—一六九二年）將其繪畫創作的體會寫成《畫筏》與《畫筌》兩書，其思維脈絡強調了「化工」「氣韻」「得意忘象」「神韻」「神境」，都是以富有文化底蘊並且流動不居的文字概念，轉爲藝術的範疇，今人鄭培凱〈文化美學與中國情懷〉❷一文認爲笪重光是：「就是在人的審美觀察與態

---

❶笪重光與張芳同於順治壬辰九年（西元一六五二年）登進士，並擔任察御史、江西巡按之職。見《句容縣志》，選舉志，正科表。

❷鄭培凱：〈文化美學與中國情懷〉，中國文學與美學學術研討會，國立歷史博物館出版。民八十七年十一月，頁五一—六一。

度，創造了中國畫所獨有的深刻藝境，同時是儒道俱有而且相通的。」由兩人既是同鄉，又同樣採儒道互通的觀念，可約略看出當時文人的看法。

二、莊子與佛氏之學不同

宣穎在《南華經解》注解中，謹守著莊子之大道，以儒爲宗，反對莊子是佛家的先驅，但宣穎解莊時，常見其運用佛家句法，如「以第一義示人」、「秘密法藏，聖神化境。」（〈逍遙遊〉注）「寫一派虛聲，眞上智人說法之事也。」（〈齊物論〉注），取譬用事時亦以佛經說明，如〈人間世〉：「蘧伯玉曰：善哉問乎！戒之！愼之！正汝身哉！」一段，即云：「妙用止是一『順』字。法華曰：應以比丘身得度者，即現比丘身而爲說法。應以女人身得度者，即現女人身而爲說法是此處義也。」但是宣穎之基本立場，是認爲莊子傾服聖門，惜未能親炙孔子，並認爲莊子學於子夏，書中所稱夫子，多係孔子，因此宣穎亦不以佛門禪機之教觀莊子。宣穎云：

此節特借惠子辨明無情之說，不是寂滅之謂也，只是在吾天然，不增一毫而已，可見莊子與佛氏之學不同。（〈德充符〉注）

禪家有「何處是佛？麻三斤！何處是佛？乾屎橛！」之語，讀此段乃知是莊子唾餘。（〈知北遊〉注）

緣上文適得而幾矣一句，拖此一段，發明爲達者，更加一鞭，直須連知通爲一的心，都歸渾化，如佛家纔以一言埽有，隨以一言埽空，方是一絲不掛，不然與紛紜者一間耳，然要去此心，不須別法也，只消因是已。妙妙不特因物，而因物之道，亦出於因，此聖人所謂兩在自然，至矣至矣！

既謂之一，便是有言，妙妙，圜悟説：華嚴要旨曰：心佛眾生三無差別，卷舒自在，無礙圓融，此雖極則，終是無風匝匝之波，正莊子此處義也。（〈齊物論〉注）

宣穎認爲莊子與佛家境界有相同之處：「如佛家纔以一言埽有，隨以一言埽空，方是一絲不掛」，但是兩者終究不同，既然莊子是「不避聖人罕言之戒，而於聖人之不欲剪者剪之，聖人不輕示者示之」，莊子能將聖人之言，做爲學人津筏，躍於紙上，如見聖人。因此他對有人認爲莊子爲佛氏之先驅之看法，十分反對，不以爲然，其云：「若具區馮氏謂爲佛氏之先驅，嗚呼！莊子豈佛氏之先驅哉！」（《南華經解·自序》）在宣穎看來，莊子毋寧是與儒家同而非接近佛家的。

例如宣穎解無爲無情時，雖援用佛家的語言，但重點卻不是寂滅邊事的，他認爲無爲無情並非佛之寂滅，莊子之大道絕非「寂滅邊事」。宣穎注〈德充符〉云：「說無情處，特辨明是不傷身，不益生之情，非寂滅之謂」（〈德充符〉注）；注〈大宗師〉時詩論顏淵所說的坐忘云：「坐忘能大通，大通何故，是坐忘這全不是寂滅邊事也」（〈大宗師〉注）；其又於注〈天道〉時云：「深味此篇，可知無爲二字，不是寂滅放廢，乃聖道不易之論也，所以夫子於古今帝王，止推大舜無爲，後來如漢文帝曹參，蓋公所云，又無爲之糟粕耳，彼豈知無爲之源流如是哉！」宣穎以道爲無爲，但此無爲是靜又是動，因爲此道「爲物不貳也，不貳者一也，一則靜也，可見運處，即是靜，靜處正是運」（〈天道〉前言），動靜爲一乃是道的特性，因此並非完全沒有生命的不生不滅的寂滅之象，因此佛不等同於莊子，道之無情無爲並非佛之「寂滅」。

宣穎以爲聖人乃一切渾化，將一切付之相忘，絕無我相，莊子不但推倒其他物論，也推倒自己本身的〈齊物論〉，〈齊物論〉結語處言物化，連自己也推倒，推倒一切形象的執著，這一層層的掃除，即是忘卻一切知覺形骸的執著，這是莊子與佛家，同樣對人生的執著的痛苦，所做的深刻的觀察，感受到必需提出如何去除這些痛苦與執著的方法。雖然佛家對人生無明，由各種欲望而生的執著、煩惱等的闡釋特別深刻，但是佛與道對痛苦的解脫方式，是不盡相同的。

宣穎反對莊子等同於佛，卻又引用佛家的說法，我們可看出佛家的思想與語彙，已融入當時儒家讀書人的思想與用語中，對宣穎詮釋莊子，也產生了不少影響；更可看出佛家的確有些說法與莊子相印證，但宣穎畢竟以肯定儒家的道爲主，這立場是不變的，拿佛家的說法來說明莊子，只是作爲發揮之用，尤其在去除人生執著方面，宣穎多所引用，也正可說明佛家在此方面，有其自家的擅場。

三、莊子與道教之仙術不同

宣穎認爲莊子一書，既非釋家之寂滅之事，又非道教之養生仙術，雖然莊子書中，有多處講及呼吸吐納，導引養生之術，宣穎亦以氣的導引，養生除病的方式詮釋之；但宣穎堅守著：體道之精微，在於明白天地陰陽之氣，不在於明仁義、說長生而已，「須知莊引此，全不是說長生的」（〈在宥〉注），而是細細尋味，得到人與天合德，養身中之神，凌於太虛，終於天地中和之境。故宣穎不以道教藐姑射山之神人視莊子，以下舉例說明之。

例如〈刻意〉：「吹呴呼吸，吐故納新，熊經鳥伸，爲壽而已矣！此導引之士，養形之人，彭祖壽考者之所好也。」一般道教論及此，即以排除體內病邪之氣，以保身盡年。宣穎注「熊經爲：夢熊之德，出於枝；申鳥下注：申鳥之伸縮其頸，皆導引之術。」宣穎將「此導引之士，養形之人，彭祖壽考者之所好也。」其最終目的在於「貴精體純素，止是『養神』二字之換面。」（〈刻意〉前言）則明顯將吐納之術，其目的是轉化爲養神爲重點。

又如〈大宗師〉言眞人：「登高不慄，入水不濡，入火不熱，是知之能登假於道也若此。古之眞人，其寢不夢，其覺無憂，其食不甘，其息深深。眞人之息以踵，衆人之息以喉。」宣穎注解則認爲：眞人「不攖死生」「無意想也」「無得喪也」，既「無嗜慾也」又「無浮擾也」，眞人是「呼吸通於湧泉，言深也」，衆人呼吸僅「止於厭會之際，至淺也」；眞人是「此具見識，乃如升高至遠，於道無所不明，豈世之所爲知哉！」，一般人爲「由其平日斲喪，故不能淵淵浩浩」。故眞人呼吸導引，在宣穎看來，只是得道的工夫罷了！

一般道教仙術皆以呼吸吐納之術，目的在於以形體煉養爲主。將道教解莊〈大宗師〉中：「回坐忘矣，仲尼蹴然曰：何謂坐忘。顏回曰：墮肢體，黜聰明，離形去知，同於大道，此謂坐忘」。這種坐忘，認爲就是〈在宥〉篇所謂：「窈窈冥冥，至道之極，昏昏默默，無視無聽」。坐忘的結果，不但「虛室生白」（〈人間世〉），而且更可以養生，正如〈養生主〉所云：「緣督以爲經，可以保身，可以全生，可以養親，可以盡年」❸。宣穎卻明白的指出：「可嘆世人讀此等處，謂是異端語，未必孔顏眞言。」宣穎覺得一般人多將「坐忘」視

❸鄭芷人：〈丹道之學的研究綱領〉，第二屆海峽兩岸道教學術研討會論文，民國八十八年三月四—六日，頁八〇。

做「異端之語」，以形體的表象，視做「大宗師」之意義，宣穎卻不是如此看法，他說：「大道不在仁義，不在禮樂，並不在形知，蓋此二段又恐人誤認宗師，特爲辨之。」宣穎以爲的「坐忘」乃是由忘仁義，去是非，而致於全然不拘，猶百川歸海，道是海，百川是仁義，仁義爲道體之支流，坐忘之眞正目的，在於見海而不見川，達到離形忘物，去知忘心，冥然無所係之地。故曰：「從忘仁義而忘禮樂，從忘禮樂而坐忘愈進愈微。」「解坐忘處，讀上三句，是一切淨盡，人易知之，讀第四句同於大通，非見到者不能知也，試思坐忘，何以能通大通，大通何故是坐忘，這全不是寂滅邊事也。」（〈大宗師〉注）故宣穎認爲「坐忘」的眞正目的，應以同大通，冥然無所累爲主。

對於「窈窈冥冥至道之極，昏昏默默，無視無聽。」（〈在宥〉），宣穎則認爲：「言其道出言語、色相，至道如此！」，「無視無聽」宣穎認爲指的是道體。宣穎並解釋云：「道有陰陽，不可不知」，「陽之原，發乎天」「陰之原，發乎天」兩者「互爲其根」「然陰陽不在乎外也，守身則道得其養，將自盛矣！物即道也。」「形神相守，陰陽一原，長久之道，不外是矣！」若要得到陰陽同原，形神相守而相成，則必需「言與天合德」，故曰：「本爲發明在宥天下，引此卻說身之要，細細尋味，分明是中庸：『致中和』三個字，天地位焉，萬物育焉，這便自然而然，更不消說。」因此宣穎將道體之形上意義標舉出來，將人與天合德的部份，以中庸之義完成，是與道教仙術截然不同的。

最後「緣督以爲經，可以保身，可以全生，可以養親，可以盡年。」（〈養生主〉）宣穎注解云：「督之爲中者，趙以夫曰：奇經八脈中，豚爲督，衣皆中縫謂之督。見（《禮記・深衣》注）」「次說與除病要方也，不可指其爲善，不可指其爲惡，善惡之跡，俱無所倚，惟緣中道以爲常也，何故兼言爲惡，夫徇知有爲而爲，神明之累，善與惡均也，知善惡之均者，於緣督之義其庶乎！」所以「緣督」之意旨在於虛己緣中道而行，除病養身只是得道的過程，其目的在去神明之累，達虛己無爲之至道。

宣穎以養生在於養神，養神亦非養其長生之術，他說〈養生主〉：「篇中神遇、神行、神主，都非神之正面」（〈養生主〉注）因爲，從來無不朽之官骸，不化之形軀，「自有人以至於今，從未有不腐之人。仙家亦言尸解，則形之不足存，明矣！」（〈達生〉前言）因此軀體的保養是有限的，人應追求的應是全其神的道理。因此宣穎在〈外物〉篇中注：「靜默可以補病，眥㩜可以休老，寧可以止遽」這三句下面宣氏解曰：

靜默則神氣來復，故可以補病也。

眥㩜蓋養生之術。按《眞語》❹云：時以手按目四眥，令見光分明，是檢眼之道。久爲之，見百靈老形之兆，又拔㩜皺紋，可以沐浴老容。故曰：眥㩜可以休老也。出《筆乘》。

寧定則心閒泰，可以止迫遽也。

此段注：「首三句養生家奉爲金針，今都置不足道。然精微處卻仍不曾我破。」

由上所敘，吾人可明顯看出宣穎雖用道教養生來說明莊子部分句意，但精幽微妙的至道，是遠超過形體的存養的。故云：「非常解脫之見，非常透脫之文。化雞、化彈、化輪馬，觸手拈來，悉入妙境。如金丹在握，隨點瓦礫，盡成珍寶也。」（〈大宗師〉注）他明白的指出：這所有的養生之術，只是煉丹的工夫，如能煉到金丹在握，才能點石成金，進入妙境。

宣穎將道教的煉丹導引皆化爲入道的方法，但不以此爲終極目的，故於「藐姑射之山，有神人焉」（〈逍遙遊〉），他的詮釋就不同於道教思維，他認爲藐姑山是「北海中有此山，此蓋以山喻身中也」，所謂的神人，即具有如藐姑山一般的眞宰，應是「身中之神體，

❹此處《眞語》是《眞誥》一書的筆誤。宏業書局會文堂本寫「眞語」，藝文書局半畝園刊本爲「眞誥」，應以半畝園刊本爲準才是。《眞誥》是道教茅山派要義匯纂集。南朝梁陶弘景編錄，20卷。相傳係神仙口授，眞人誥論，故名。所言皆仙眞授眞訣事項，兼及藥物、導引、按摩與其他道教修養之術。收入《道藏》第六三七－六四〇册。見張志哲主編：《道教文化辭典》（上海：江蘇古籍出版社，一九九四年六月），頁五八一。

體純抱素」，神人的容止是淖約善美「專氣永守」，能夠納「天地之清冷」「凌太虛」「秉陽德」，如此天地之間的清虛無為，才能領會，才能「與造物遊」而「養神之極」，神人除了修己養神之外，更重要的是能「天地位，萬物育」這才是眞正的「神人無功」的意義。故宣穎在此段注：「姑射神人，雖唐虞之事業，不足為多。以上證神人無功意也。」其著眼點在於以神人譬喻身中的神體，目的在於天地位、萬物育，這顯然是與道教大不相同的。

四、莊子之處世觀

宣穎著《南華經解》時，對莊子身處之時代，與自己身處明末清初顛沛流離的時代，做了一番相應的了解與闡發。尋繹其《南華經解》，篇章中除了透露出莊子處世之看法，宣穎並將心中滿腔家國之痛、理想之抱負，都化為以豁達、體諒的意境，借由委婉衷曲之意，略見對世事之煙火與怨怒，最後，宣穎以「聖人以心即化」的處世觀，做為莊子對人間世的看法，他認為；

> 聖人心便須相肖也，唯聖人心即化，化即心，同在活潑潑地，所以轉盼非故，而放於日新也，解得「義之與比」一句，便是此處了悟學人。（〈田子方〉注）

另外，宣穎以「至人無己」貫穿內七篇文義，「無己」則可自處、處世，無入而不自得，宣穎不贊成離群索居以覓至道，他認為萬世萬物無不由世相中洗鍊而來，此為第一要義，故解〈則陽〉：「陸沉」二字時云：

不消避人避世而已成隱遁，如無水而自沈也，奇語「陸沉」二字，往往誤用，須詳此處取義。

基於以上之觀點，宣穎在體會莊子思維時，是以聖人心隨處即化，了悟學道做人的道理。心可載道，亦可害道，然而心並非智慧，須藉由存養、轉化「心齋」的虛靜妙用，處人而不見有人，處己而不見有己，無用以藏身，達到「我與人無爭，而人於我不得所爭」❺之境。如此得意而忘形，忘形而適志，故世間活活潑潑日新又新的道體，須有「義之與比」，以及「從水之道，而不為私。此神全之秘密義也。」（〈達生〉注）的智慧，即「至人無己」

❺鄒學榮：〈試論莊子陷入相對主義的認識論根源〉他認為此句「我與人無爭，而人於我且不得所爭」於是精神勝利了，這是將現實處世問題與精神主體相結合的處世結果，被人喻為阿Q式的精神勝利。（重慶：西南師範大學學報，一九九一年二月），頁五六—六一。

的轉化、變化、融化、化解，最終至氣化而昇華成煙消雲散，如曹雪芹《紅樓夢》〈好了歌〉一般：「世上萬般好便是了，了便是好；若不了，便不好，若要好，須是了。」故云：

我周旋於億萬人間，如處獨焉，如蹈虛焉。御至紛如至少，視多事為無事，未嘗有我，未嘗有人。（〈人間世〉注）

自我的適志、愉悅，正是無私、無我，容於天地萬物的快樂，故「虛靜無為，胸中自然之樂，非有為者人事之樂可比」（〈天道〉注），宣穎撇去機心，直取渾沌者天心之意，超越了「怪嘆衆生汶汶，反備自己，為普天一哭。」（〈齊物論〉注）宣穎明白衆生對物事之攖愚，自覺到人生只是傀儡一般，又何必與人爭長短，惹閒氣，全內養外、忘名忘利，能「坐忘」始能得志，所謂：

存身為得志也，得志非軒冕之謂也。余性則樂，樂則得志，所志如此，是古思也，重內而輕外，豈非至明者乎！今也志在軒冕，而甘於喪己失性焉，是俗思也，內外輕重之不明，謂倒置之民，非即蒙敝之民乎！（〈繕性〉注）

人生的樂，是看破生死、看破形體，所謂「轉入無爲，方是至樂」（〈至樂〉注），人生眼界一高如「莊子眼如海曠，胸似霄空」（〈外物〉注），自能體悟世俗之樂與學道之樂的不同。故謂：

樂之一字，學道人與世俗所同尚也，孔子曰：樂在其中矣！孟子曰：樂莫大焉，豈不尚乎，但俗所爲樂者，形骸之享受，學道人所爲樂者，性情之恬愉，名同而實大悖焉，夫以形骸之享受爲樂，是拘身之桎梏也，腐腸之毒藥也，伐性之斧斤也，勞攘圖之，果未足爲樂也。若性情恬愉，則無爲逍遙，不言樂而至樂存焉。吾獨怪吾以勞攘爲困者，俗亦以無爲爲苦也。（〈至樂〉前言）

人人皆以勞勞攘攘爲樂，此其自苦之累，是喪己之苦，故「樂不在道之外，謂論樂即論道。」（〈天運〉注）能體乎此則無爲而自化，墮爾形體，吐爾聰明，倫與物化，而同於大通，才是「坐忘」眞正之蘊義。故而，以顯豁通達之態度處世處己，做到無己才得逍遙之眞諦。

宣穎在注解中，能把握莊子的想法，時時流露著對形體、生死的了悟，認爲生死乃一氣之轉換罷了！人人應順乎生死，不憂慮造化弄人，無爲方是至樂，順乎生死，體乎造化，才能理解到眞正的至樂。故云：

無爲眞與天地同體，幾存之云，猶婉言之耳，須知莊子説至樂無爲，是天地不朽之眞理。活身幾存，乃對世俗之傷生者言，故下此字而耳，不是説其此長生也。看下文絕是打破生死便知。人以爲生死者在造化，只是一氣之轉換耳，略舉數端，其遞相變化如此，則生死化機之出入，凡人貪生，乃至生種種愛惡，種種營求者，不懼造化笑人乎！故知無爲則順乎生死，體乎造化，其樂優矣！（〈至樂〉注）

生命的意義並非只求長生而已，形體那得永久不化，如一氣之循環，是無所逃遯於天地之間的，「蓋物理之實，原是如此，此使是於隙駒世界中，無法可處之一上上處法也。」（〈大宗師〉注），能明白此理，則天生萬物，皆出於自然，勤加導養，謹其嗜慾，雖然可比庸衆長壽，但是「衆皆夢夢而生，夢夢而死，此獨知天生爲自然。」（〈大宗師〉注）則「天人者，天之所生也；天人，同一自然，未嘗有二，同生死之間，曾可以我切乎哉？」（〈大宗師〉注）宣穎體乎此，感受到人世間不知誰是提線者的不由自主，則知：

養生者，惟恐至死，不知生不因吾樂之而來，死亦不因吾哀之而不去。是生死，吾無

所與之也。無所與之，則外其生而生存，忘其死而有不死者矣，則生死之不足爲向背也明矣！（〈養生主〉注）

既然看透生死，無所與之，能外其生、忘其死，才是眞正的明白透徹，宣穎更提出，生有形生、生生之分，死有形死、不死之別，眞正能存養生命的光彩，才是旁日月，挾宇宙的眞正養生主。故云：

人之哀死也，以爲死則此生盡矣！殊不知其所謂生，特形生耳，有生生者，彼未嘗知也，其所謂死，特形死耳，有不死者，彼未嘗知也，夫形委而神存，薪盡而火傳，火之傳無盡，而神之存，豈有涯哉，但人不知養，則與生同盡，前篇所謂其形化其心與之然，誠可大哀也。知養之則遊刃之際，寶光湛然，旁日月，挾宇宙，烏有盡哉，所謂主者如是如是！（〈養生主〉注）

宣穎能章顯莊子這種生生不已，形體雖死而精神不死的要義，強調莊子處世之積極層面，顯露出無爲無己而明天地之初心，一種莫若以明的光明面，絕非世人所謂莊子是神祕的色彩，研究莊子是帶著消極的烙印；宣穎更以自己的行動做爲佐證，在年邁體衰之時，還注解莊子，以學術生命的延續，證明莊子給予人積極創生之意義。

五、莊子之政治觀

宣穎《南華經解》體會莊子身處於國脈將衰，而忠臣智士爲之維持，卻因君昏民困，國隨以喪，奸臣自賊，忠良痛心的時代，眼見國破家亡，猶如人之形神兩敝，故以「形譬則民，神譬則君」（〈養生主〉注）爲比喻。借養其形體，欲圖維持國脈，是「外於養，神還虛者」是圖勞無功的，不若聖主時代，無爲而治，萬物自化而無窮。故曰：

> 嗚呼！自古未有君失其所以爲君，昧昧從事，而不喪邦者，奈何習而弗察哉！有志者痛覆亡之相尋，圖安養之至計，其或晏居珍奉，不足言矣！進之則節嗜，損慾以養精焉，更進之則導引吐納以養氣焉，總斯兩家，譬則國脈將衰，而忠臣智士爲之維持培擁，非不差可久存，而較之聖主當陽，無爲而治，化流無窮者，則猶相去之遠矣！（〈養生主〉注）

宣穎以「知」如奸臣，而「形」如人民，「神」如君王；奸臣使君昏民困，而國家隨之喪亡，世人皆痛恨國家覆亡，但是歷史上仍相尋不已，於是人人圖安養之計；但安養之計並不能只靠形軀，所謂「其或晏取珍奉，不足言矣。進之則節嗜損慾，以養精焉，更進之，則導引吐納以養氣焉」，宣穎以爲這些不過是國脈將衰，而忠臣孽子爲之維持而已，並不能保證國運之長存，故眞正之養神是「較之聖主，當陽無爲而治，化流無窮者，則猶相去之遠矣！」（〈養生主〉注），聖主能當陽而治，其「恬淡寂寞，虛無無爲，是聖功要領。『養神』二字，則其主張也，貴精體純素，止是養神二字之換面。」（〈刻意〉注），此是宣穎重視聖王、聖功，認爲如此才是治天下之大用，因此宣穎詮釋此治天下之心，是重視其積極之心，並以無爲爲內容，養神無爲又能治之爲原則。

故宣穎對政治方面，認爲帝王惟當順道，順道是全內以養外，並非全然只是治天下之細微末節之事，而應把握無爲自然之道，若「純是治天下事，是帝之病處」（〈在宥〉注），天生人民，又立君王，以天而言，君王即是天子，故須體天之心，必順民之性，才是人民眞正的良牧。君王順應自然之道，而不傷民性，才是眞正順天應人的君王。故〈應帝王〉注云：「君者體天之心，惟在乎不拂民之性而已。」〈在宥〉注：「君子本無心於天下，故曰：不得已而臨蒞天下。無爲二字，即在宥之訣也，究所謂無爲者君子，乃於身內著精神，而萬物自化，則又何暇計及於治哉！」因此，宣穎把握住莊子對政治無爲而治的特色，以君王當體天心，身內著精神，自然而然能化育萬物。

宣穎深深致上無爲而治的期許，盼君王知道，當君王成其治功之日，也是淳樸之民風喪失之日。盼君王體悟「今日立一法，明日設一政，機智豁盡，元氣消亡矣！」（〈應帝王〉），如此上下相角，猶如見花草開得正茂盛，即爲將枯萎之日，因此，願人君能以渾沌之天心爲天下人民留渾沌之天地。故云：

爲今也以一人之心，乘莫抗之勢，無論草菅吾民而芟刈之，即其經綸制作，有毫髮弗準於自然之道，而民性之傷，已陰受之而不敢訴，然且曰：已丕變矣！已咸若矣！嗟乎，亦孰知帝王成其治功之日，即烝黎失其淳樸之初也耶！且夫之運行，恒億萬世未有易也，而人於其間不得不分古分今，何耶？升降之際，是人爲之歟！抑君人者爲之歟？即人爲之，抑君人者之故歟？非君人者之故歟，天不欲一日無君，乃以有君之故，而使世日以下，是天之不欲一日少者，而反以爲自削之具歟？古今帝王，亦曾撫心自問否耶？究而言之，告多一法則民多一智，始而上下相遁，終遂上下相角，故帝王不輕啓天下之智，則古今常如一日矣！借曰經緯周密，措施曲當，無不本之大道，以爲敷張，而菁華燦漫，發皇無餘，則敦化之地，亦少竭矣！草木之生也，發花過盛，識者知其將萎，此即治天下之理也，故莊子作應帝王，亦願人君常爲天下留其渾沌而已矣！渾沌者，天心也。

宣穎如此以古今治天下之理觀政事、體君心，也體會莊子作〈應帝王〉眞正動機，寄望古今帝王皆能以「身內著精神」「君者體天之心」修己，以順物自然，無己無私，容天下萬物，而萬物自化，才是眞正變化治人的帝王之事。

第二節　宣穎對莊子文章之理解

一、《南華經解》之解題

《莊子》名爲《南華眞經》又名《南華經》。在唐陸德明《經典釋文》中，雖然尊《老子》爲經典，但還沒有「南華」這一名稱。至唐天寶元年二月（西元七四二年）莊子被尊稱爲「南華眞人」，始稱他所著書《莊子》爲《南華眞經》。❻經查證《舊唐書・玄宗紀》天寶元年之後確有如下記載：「……莊子號爲「南華眞人」、文子號爲「通玄眞人」、列子號爲「沖虛眞人」、庚桑子號爲「洞虛眞人」其四子所著書，改爲眞經。」又根據《唐會要》

---

❻見《唐會要》五十《雜說》、《舊唐書・玄宗紀》。

所載云：「天寶元年二月十二日，追贈莊子「南華眞人」。三月十九日，李林甫奏文子、列子、莊子、庚桑子，其書名從其號爲眞經。」由此可契證，《南華眞經》之名，正式問世，應始於天寶元年三月十九日❼。

根據《史記，莊子列傳》記敘莊子生平曾爲漆園吏，「漆園」一詞在先秦典籍無聞，歷代多數學者，皆作專有名詞邑里之名來理解，但對其所屬地理區域有不同說法。《史記》以爲即在蒙地，故稱「蒙漆園吏」；《史記正義》引《括地志》則以爲在曹州：「漆園故城在曹州冤句縣北十七里」，這就是說，莊子曾任漆園這個小邑里的吏，後拒絕爲相，《史記》云：「楚威王聞莊周賢，使厚幣迎之，許以爲相。」但陳釋智匠《古今樂錄》卻說是齊國：「莊周儒士，不合于時，自以不用，行欲避亂，自隱于山岳。後有達莊周于湣王，遣使齎金百鎰以聘相位，周不就。」於是唐．陸德明就綜而言之，「齊楚嘗聘以爲相，不應。」（《經典釋文．莊子序錄》）。

宣穎之所以命名爲《南華經解》乃認爲：「莊周隱曹州之南華山，因名其經曰『南華』」（〈逍遙遊〉注）即據《史記》之說，以莊周任漆園吏，漆園位於曹州，莊周隱於此；至於其書名爲《南華經》應是唐代尊爲南華眞人，故其書爲《南華眞經》，是否因隱居於南華

---

❼見《唐會要》五十《雜說》；《舊唐書．玄宗紀》；譚世寶：〈敦煌文書《南華眞經》諸寫本之年代及篇卷結構探討〉，《道家文化研究》第十三輯（北京：新華書店，一九九八年四月）。

山，因此名其經爲「南華」，則因此論點並無專論，郭象〈莊子序〉、陸德明《經典釋文序錄》都没有提及，僅於唐、成玄英：〈莊子序〉云：「其人姓莊，名周，字子休，生宋國睢陽蒙縣，師長桑公子，受號南華仙人」❽筆者没有充足之證據，證明莊子隱居南華山，故宣穎此說，在此先備爲一說。

二、宣穎對莊子文章之會通

宣穎對莊子一書，可謂用功甚勤，根據張芳的序中云：

> 茂公宣子，好學深思，探賾是書有年，折衷諸家，爲之箋解，剗其蕭礫，發其清微，是書那復須注，既妙悟於象先，而得其解者，旦暮遇之，又豁如於言下，譬則畫史盤礴，庖丁奏刀；又譬則帝青寶網，光界重重，一爲無量，無量爲一，快矣哉！不可以文句窮，不能以智意盡也！世之學者讀六經語孟，深思而有得焉，然後從而讀莊子之書，苟讀莊子深思而有得焉，然後讀宣子之解，我知渙然冰釋，怡然理順，彼堯桀之誹譽，儒墨之是非，斯默然其自止矣！是書之行，其有功於孔孟甚大，曷可少哉！
>
> （《南華經解·張芳序》）

---

❽見（唐）成玄英《南華眞經注疏》（台北：藝文印書館，無求備齋莊子集成初編第三、四册，清光緒十年刊《古逸叢書》本），三册頁五。

宣穎重視運用文理以曉暢文義，故其作註解時，先是「折衷諸家，爲之箋解」的勤苦比對，輾輾深思，「讀正文，再讀批詞，讀批詞，再讀正文，反覆數過」（〈莊解小言〉），再用取直通妙之法，「屏去諸本，獨與相對，則渙然釋然，衆妙畢出。尋之有故，而瀉之無垠。」（《南華經解・自序》）其注解乃由「讀六經語孟，深思而有得」，使「堯桀之誹譽，儒墨之是非」默然自止，其最由順文理而求得意義，亦是他認爲與諸家之註不同之處。其最終目的在於：

> 分節分段，非莊原本，但骨節筋脈所在，正須批釁導窾，故不惜犁然分之，先細讀其一節，又細讀其大段，又總讀其全篇。（〈莊解小言〉）

宣穎以庖丁自居，窾會全文，「讀正文，再讀批辭，讀批辭，再讀正文，反覆數過，胸中必有洞徹之樂，若不耐煩尋繹者，先不是讀書人也。」（〈莊解小言〉）然莊子之文捭闔變化，難以捉摸，宣穎自已「若不曾多看諸本評莊者，亦不敢輕以此本呈教」（〈莊解小言〉），可見他對自己的體會與註解，頗有自信與把握，才能獲得張芳的評語：「好學深思，探賾是書有年」，「是書之行，其有功於孔孟甚大，曷可少哉！」

《南華經解》半畝園刊本中，江藩亦於新建吳坤修書于皖時署：讚美宣穎《南華經解》是句梳字櫛，篇解節釋，深得莊子著書之心，並以「漆園功臣」稱之。由以上所述得知，宣穎注解《莊子》之前，蒐集了各種注解，反覆研讀，細細思量，最後再探究莊子本文，渙然冰釋，融會貫通之後，才寫下《南華經解》，期望將莊子著書之心，躍然紙上，使見書如見其人。

三、莊文之藝術技巧

宣穎總論莊子散文藝術技巧，是描述古今最難以言喻的「道」，以精鍊的寫作技巧，譬喻的巧妙，洗發出水月鏡花之妙。他認爲：

莊子之文長於譬喻，其玄映空明，解脱變化，有水月鏡花之妙，且喻後出喻，喻中設喻，不啻峽雲層起，海市幻生，從來無人及得。古今格物君子，無過莊子，其侔色揣聲，寫景摛情，眞有化工之巧。能文家如漢之班馬，唐之韓柳，宋之歐蘇，皆每拈一件成文，故每人不下千百篇，前後少雷同處；莊子篇篇是要則這一件事，所以未免有一二雷同之句，蓋莊子先揀古今最難一件事不容言語者，卻偏要洗發出來，若不是仙

才變化，如何有言許多文字，不得更苛責其全部中一二語之重疊也。（〈莊解小言〉）

宣穎在評論莊子時，常結合義理思維與文理描繪的詳論方式，呈現一幅幅藝術境界。如〈逍遙遊〉中注：「堯讓天下於許由……吾自視缺然，請致天下」，宣穎評之爲「詞令逸品」；又如注齊物論「子綦曰，大塊噫氣……而獨不見之調調之刁刁乎」宣云：「借眼色爲耳根，襯尾妙筆妙筆」、「初讀之，拉雜崩騰，洪濤汨湧，既讀之，希微杳冥，如秋空夜靜，四顧悄然」，由此可知宣穎是一相當具有文人性格的注莊者，因此反映他的注莊之文中，便是由文理而致意義之尋求，以爲：「未有文理，不能曉暢」，而顯現出莊子文章的化工之巧，藝術之技。

宣穎詳論莊子時運用的描繪手法，相似於笪重光之《畫筌》中對繪畫境界的描述，例如：「十幅如一幅，胸中丘壑易窮；一圖勝一圖，腕底煙霞無盡。全局布於心中，異態生於指下。氣勢雄遠，方號大家；神韻幽閑，斯稱逸品。」《畫筌》中以逸品論述畫境，猶如宣穎以逸品評論莊文，宣穎順文理而求得意義，並運用藝術的眼光，將莊子的詞令逸品評點出來，亦是他的見解與諸家之注解不同之處，將莊子義理的層次深度化、藝術化，如此更加完整的表現莊子之全貌。

第三節 宣穎對以往諸注之反省

一、旁搜評注多茫然

宣穎詮釋莊子，除了深切的體悟外，對於歷代諸家解莊之書，頗有微辭，因此自序：

少時讀史記，謂其言汪洋自恣以適己，及覽李太白集稱之曰南華老仙發天機於漆園，予私心嚮往；取而讀之，茫然不測其端倪也。乃旁搜名公宿儒之評註，不下數十家，而未嘗不茫然也，即郭子玄以此擅勝名家，又未嘗不茫然也。（《南華經解·序》）

將一部著書之法，標列於此，若莊子仙才，便有此三樣用筆，以顛倒古今文人，獨怪此處已明明揭破，而學者獨顛倒其中，余覺前後註莊者數十家，無一人不如入八陣，而眩於其變化，登迷樓而惘然其路逕也。嗚呼！南華老仙天機固自崢嶸浩蕩，乃明明

揭破，而猶不能讀，豈能免於作者之揶揄也耶！（〈寓言〉注）

在宣穎看來，古今人物，爲能讀《莊子》者，惟司馬遷與李太白二人。宣穎對於郭注等前人的注解，頗有微辭，謂郭象注莊是竊據向秀，只能以「玄」標其特色；而行文妙處，意義文理則諸家皆是餖飣舛謬，不足道矣！他認爲：

著莊者無慮數十家，全未得其結構之意。郭子玄竊據向註，今古用推，要之亦止可摘其一句標玄耳！至於行文妙處，則猶未涉藩籬，便爲空負盛名也。古今同推郭註者，謂其能透宗趣，愚謂聖賢經籍，雖以意義爲重，然未有文理不能曉暢，而意義得明者，此愚所以不敢阿郭註也，若諸家之餖飣舛謬，又不足道。（〈莊解小言〉）

《莊子》洸洋自恣，後世讀者常常覿面旁猜，妄加臆測，難識眞義，於是宣穎將舊注有所誤解者，條列於後，供人參考。例如：〈人間世〉注：

爲人臣子句，正接說身事，心一邊事，不過借用臣子字，而切勿誤認之，莊子取喻，眞乃無奇不到，其映捶之妙，有千百伶俐。舊註何足以知之。此篇分明處人，自處兩柱，卻全然不露，止如散散敘事，莊子眞是難讀，何怪從無人識得。

舊解有錯誤之處，亦提出來，加以說明：

纍丸：舊誤作尾。

敝毀：舊誤作跬，聲之訛也。（〈駢拇〉注）

均與鈞同，乃陶家運轉之樞也，言天地雖大，其化止在運旋之鈞，神處詩秉國之鈞是，此均字也，舊解作均偏，便說開了去與下二句意不似。（〈天地〉注）

養，心憂不定貌，詩曰：中心養，養是也，言爾果以死爲憂乎！舊解訛甚。（〈至樂〉注）

舊解不知所云處，亦加以明示之：

故吾去，又新吾又生，無頃刻留，亦無頃刻熄也。則時時有吾在焉，雖奔逸絶塵，何必有瞠若乎後之慮哉，答轉顏子問意，正是覿面相呈，妙絶，妙絶！此等一篇，舊解都不知作語，可嘆也！（〈田子方〉注）

佞人善人逢迎，正德使物自化，或皆能不畏暴厲，非此二樣人，孰敢攖其鋒乎！令彭陽欲使己于楚王，是病在貪富貴者，不知暴厲之可畏也，喻意甚明，舊解此等處，俱不知所謂，況其他乎！（〈則陽〉注）

宣穎清楚的列出舊解之誤解、錯誤、及不知所云處，使後世讀者更加清楚莊子之意。既然前人注解令人茫然，不能對《莊子》做通體之瞭解，故宣穎著《南華經解》時，即根據前人注解之不足處做出發，務求層層洗發，文理與義理兩者兼顧。

二、循其竅會，細為標解

宣穎既對前人評注不滿，於是以「循其竅會，細為標解」為原則，而對前代諸家之解，若仍具可取者，就在文字下方採入說法爲之細注，宣穎云：

則竅會分明，首尾貫穿，蓋必目無全牛者，然後能盡有全牛也，識者自知之。諸家字句之解，間有所長，採入細註者，居十之一二，至段落旨趣，則概未之及，故大字註評，毫不敢襲，亦不得已也。（〈莊解小言〉）

莊子之文最難捉摸，字句尤多奇奧，前人注解常強作解釋，於是宣穎將前人注解較有特長的部分採用之，以爲細注，這一部分僅居十分之一二，其餘的十分之八九，就是宣穎對於段落旨趣，在每段段落，低下二格，寫出自己的詳注。盡可能不加上主觀的想法，「庶幾莊子本來面目，復見於天下，不致覿面旁猜而已。」（《南華經解·序》），在形式上乃分段評騭，經文頂格，釋文低一格，內容上以義理與文章並重，用文章章法標示其奇緻之處，除了序及自序外，宣穎並寫下〈莊解小言〉，一一說明宣穎解莊時，對莊子其人的理解，其書之內容、其文之特色、宣穎解莊之方法，注莊之緣由，篇章之前又有一段敘論，莊子本文部分，並加以分段論述，頗能將行文之妙處，以藩籬之法標示出來。

因此，清・劉鳳苞，在《南華雪心編》❾首頁即標示，其文形式，即取法宣穎，每個段落以大圈明示，讀者才能分段閱讀，綱舉而目張。於《南華雪心編》凡例第一條云：

郭註定爲內篇、外篇、雜篇，而各篇未經劃分段落，讀者無從尋其脈絡，幾於蒼波一片，不辨眞源，黃葉紛飛，莫尋靈境；茲依桐城宣茂公義例，於各段另起處，用大圈以清界限，庶令讀者逐段領會，朗若列眉。

宣穎注解首在段落分明，而結構清晰，能文理順暢，通透宗旨，意義明暢，因此宣穎以庖丁解牛自居，分節分段，以骨節筋脈所在，批竅導窾，使莊子文章犁然分之，則窾會分明，首尾貫穿。宣穎云：「蓋必目無全牛者，然後能盡有全牛也，識者自知之。」故宣穎之注，「力求從大處著眼，所謂章節義理之評點闡釋，對於莊子思想境界之追求，乃宣注之一大特色。❿」這正是近人關鋒在《莊子內篇譯解和批判・莊子注解書目》所贊揚的：「爲清人解《莊》中不可多得者。」

❾（清）劉鳳苞：《南華雪心編》（嚴靈峰編：《莊子叢書集成初編》第二十四冊，台北：藝文印書館，一九七七年六月）。

❿參見關鋒：《莊子內篇譯解和批判・莊子注解書目》（北京：中華書局，一九六一年六月），頁三九〇。

第四節 宣穎對莊子篇章之看法

宣穎對莊子內、外、雜篇的看法，是內篇每一篇有其主題，外篇雖沒有各篇主題，但也各有其結構，只有雜篇主題、結構都闕如，卻可以各段零碎讀之，〈讓王〉、〈盜跖〉、〈說劍〉、〈漁父〉這四篇，他遵循東坡之說，認爲此四篇非莊子自著，列之於篇末，〈天下〉一篇爲全書總跋，洋洋大觀。他認爲：

內篇各立一題，各成結構，外篇雖不立題，亦各成結構，惟雜篇不立題、不結構，乃可各段零碎讀之，然天下一篇，爲全部總跋，洋洋大觀。莊子眞精神，止作得內七篇文字，外篇爲之羽翼，雜篇除天下一篇外，止是平日隨手存記之文。（〈莊解小言〉）

因此，以下就宣穎對內七篇、外雜篇，〈讓王〉等篇之眞僞、〈天下〉篇的看法等，做如下的敘述：

一、內七篇玲瓏貫穿

《莊子》一書分爲內外雜篇，宣穎對此之解釋爲，內七篇之內容玲瓏貫穿，以「物事」來形容道體，做爲其主旨。宣穎云：

一編之書，何分內外，以其專明旨，故目之爲內。內七篇都是特立題目，後做文字，先要曉得他命題之意，然後看他文字玲瓏貫穿都照此發去。蓋他每一個題目徹首徹尾是一篇文字。止寫這一個意思，並無一句兩句斷續雜湊說話。道體千言萬言說不出，究竟止須一個字並一兩言，還是多的，究竟止可意會，並一個字還是多的，莊子內篇題目雖有七個文字，雖有七篇，總說得這一個物事，要人心領神悟而已。（《南華經解·內篇》）

總而言之，宣穎以爲「道體」只可意會，不可言傳，莊子之所以用了那麼多文字來形容，只因爲想使「道體」讓人明瞭，故不得不多加廓述，使其曉暢之。然而「道體」豈是言語之所能完全表達，故莊子必須「多方蕩漾，婉轉披剝，有時罕譬之，有時傍襯之，有時反跌之，有時白描之，有時緊朝之，有時寬泛之，無非欲人於言外，忽地相遇此內七篇所爲作也。」（《南華經解·內篇》）。

故而內七篇內容就是在明白這個道體，後學者應當領悟之，若能領悟則不須言語，若不能領悟，則須藉言語文字來了解，則這七篇，篇篇重要，不得少一字。宣穎對於莊子於行文中，有時引用寓言、重言、卮言做說明，其實是「篇中用事或割取其一節，或引據其一言，又或非借重這一箇人襯貼，則抑揚不能痛快，大要不得認作事蹟之實，須知都是行文之資助而已。」（《南華經解·內篇》），宣穎在此即說明，後學者應當曉得莊子之意，而分辨其文，何者爲眞？何者只是爲行文之資助而已，才是貫穿莊子文義之要旨。

二、外雜篇亦莊子自著

至於外篇與內篇之分別，宣穎以爲外篇是不如內篇專透宗旨，他說：「外篇者何？隨事敷折，披枝溯流，雖皆衛道之言，然較之專透宗旨者則外矣！」（《南華經解·外篇》）而「雜篇者，不是於道有龐雜之言，止是隨手錯敘，雖各段自有文法，不曾給撰成篇耳。」

（《南華經解．雜篇》）

所以宣穎以爲內外雜篇均是在說明道體，雖有專透宗旨，或隨手發揮成篇，或隨手錯雜未能成篇之分，其寫作目的均同。會其意乃以爲內外雜篇當爲莊子一人所作，只是寫作時有如此手法之不同而已，因此他對於莊子書中前後篇章之內容有重覆之處的解釋，以爲就是因爲莊子寫作時有時先記於此，有時後來作文又採用之，因此有重覆的現象。其云：

雜篇有作於內外篇之前者，如古之人，其知有所至矣一段，冉相氏一段罔兩問影一段等是也。蓋先記於此，後來作文又採用之，有作於內外篇之後者，如寓言一段，及天下篇等是也，蓋作書之後，自加發明也。（《南華經解．雜篇》）

因此他以爲內外雜篇之分，並非以莊子及其後學所著來區分，均認爲是莊子之自著。這裡宣穎顯然只是承襲前人之看法，與清代後來考古、疑古之風氣大啓之後，學者紛紛對莊子篇章產生懷疑，如近年來之學者如羅根澤、關鋒、劉笑敢等人、以外雜篇是莊子之學生或後學者所論述，加以論證說明。相比之下，顯然宣穎在內雜篇作者的看法上，是他解莊時不足之處。

三、讓王等篇非莊子自著

對於〈讓王〉、〈盜跖〉、〈說劍〉、〈漁父〉此四篇，宣穎則從蘇東坡之說。蘇軾於〈莊子祠堂記〉云：「余嘗疑〈盜跖〉、〈漁父〉，則若眞詆孔子者，至於〈讓王〉、〈漁父〉則淺陋不入於道」（〈莊子祠堂記〉）宣穎直取東坡之意見，認爲：

〈讓王〉、〈盜跖〉、〈說劍〉、〈漁父〉、文理淺薄，的係贋鼎，今從東坡先生說，雜附於後，賞鑑家自佑之。

東坡以此篇（〈寓言〉）之終接〈列禦寇〉爲一篇，其〈讓王〉、〈盜跖〉、〈說劍〉、〈漁父〉四篇皆僞作，欲去之。又曰：凡分章名篇，皆出於世俗，非莊子本意。（《南華經解·雜篇》）

東坡論四篇之僞又不可易，但雜篇既未嘗分章名篇，則欲以此篇合〈列禦寇〉爲一，又不必矣！

今以〈列禦寇〉仍自爲篇，而〈讓王〉、〈盜跖〉、〈說劍〉、〈漁父〉四篇，則離

而附之於末云。　（〈寓言〉注）

蘇東坡曰：〈讓王〉以下四篇，非莊子所作，蓋其枝葉太雜恐爲人所竄易。　（〈讓王〉注）

除了引用蘇軾之意見外，宣穎又引明．孫月峰之說爲佐證：

孫月峰曰：此篇諸段多與呂氏春秋同，夫呂書雖有襲莊列者，然不應此篇獨襲之多，子瞻謂此下四篇皆僞作，誠然。　（〈讓王〉注）

孫月峰曰：是戰國策士遊談，與弋說及幸臣論相似，然氣格視彼二篇更淺。　（〈說劍〉注）

宣穎又借重王安石的考證，推斷孔子與柳下季不可能爲友，宣穎認爲：

王荊公曰：柳下季魯僖公時人，至孔年八十餘，若至子路之死，百五六十歲，不得爲友，是寓言也。

荆公以爲寓言，還是就莊子論之，今細看其行文，粗淺無味，別之爲僞，無可疑者。

二段擬莊子寓言只是粗淺無味。

（〈盜跖〉注）

宣穎由蘇軾、孫月峰、王安石等人之論證，加上他以此四篇文字淺陋膚漫，故推論〈讓王〉等四篇非莊子自著，云：「此篇之淺陋膚漫，尤爲可笑，不知何人續貂，其妄乃至於此。」（《南華經解・漁父注》因此，宣穎將此四篇抽離出原來之次序，而置於天下篇後，以爲此四篇非莊子自著，故云：

大抵此四篇敘事弱，議論冗，其文乃在新序說苑等書之下，況可以溷莊子乎？且莊子雜篇，隨手錯敘，不設篇名，後人乃覽各篇首二字名之，便於分章易摘耳，今四篇特立之名，既非篇首之字，又絶無深義，故斷從東坡，離而置之篇後，非敢交爲分也。

（《南華經解・漁父注》）

這裡宣穎妄自改變《莊子》一書之篇章次第，是不理想的。尤其他這樣的看法，使得後來學者如徐廷槐《南華簡鈔》、馬其昶《莊子故》，皆受宣穎之影響，竟刪掉此四篇，使得莊子一書形成短少，此其不足之處；不過宣穎能提出其看法，以文理淺薄、氣格甚淺、行文粗淺、篇名訂題方式與前面內雜篇不同等爲由，辨別莊子篇章之眞僞，也可以說是開拓思考，啓迪後學的一種作法。宣穎將此四篇列於最後，評注部分甚少，如果能細加分析，則本書之價値會更高。

四、天下篇爲莊子總跋

天下篇在宣穎以前，一致認爲是《莊子》之後序，宋、林希逸謂：「莊子於末篇序嚴今古之學問，亦猶孟子聞知見知也。」明、陸西星謂：「天下篇莊子後序也；列敘古今道術淵源所自，而以己意承之，即孟子終篇之意也。」宣穎亦作如是看法：

> 雜篇隨手錯敍，至天下篇則特意結撰爲一部總跋，是古今有數文字。
>
> （《南華經解・雜篇》）

> 一部大書之後，作此洋洋大篇，以爲收尾，如史記之有自敍一般，溯古道之淵源，推末流之散失，前作大冒中分五段，隱隱以老子及自己收服諸家，接古學眞派，末用惠

子一段，止借以反襯自家而已。（《南華經解·天下》注）

宣穎以爲《莊子》書中，內七篇玲瓏貫穿，外雜篇乃莊子隨手錯敘之文，天下篇爲整部《莊子》之總跋，〈讓王〉等四篇，則非莊子自著。這些論點顯然承自前人的看法，做一綜合之論述，新的意見比較少。

小結

宣穎《南華經解》之撰述，是以宣穎對莊子之理解，辨析莊子是傾服聖門之眞儒，並非佛教之寂滅，與道教之養生仙術而已，莊子的處世觀與政治觀，並非遺世而獨立，有其出乎世又入於世之見解，故宣穎詮釋莊子，是以眞正的「讀書人」自居，是借由「讀正文，再讀批辭，再讀正文，反覆數過，胸中必有洞徹之樂」（〈莊解小言〉），如此耐煩尋繹，反覆細量後，借分節分段，得其骨節筋脈尋其窾會所在，成其結構，分其肌理、細爲標解，於是首尾貫穿，文理並茂後，盡其全貌，「庶幾莊子本來面目，復見天下」，因此這層層的功夫，是宣穎解莊的基本方法，因此他說：「若不耐煩尋繹者，先不是讀書人也。」宣穎明白莊子道與儒通之特點，又能賞其文章之特色，爲玄映空明，有化工之巧，而以內七篇爲莊子眞精神所在，外雜篇除〈讓王〉、〈盜跖〉、〈漁父〉、〈說劍〉外，其餘則爲輔翼之文。

第五章《南華經解》特色之一──以儒解莊

由於宣穎《南華經解》是清初之作，在莊學的長河中，是承接了前人注解莊子之精華，並做一個拓展性的思維。總其大要，可分爲以儒解莊部分與以文評莊部分，由於宣穎學問宏通，時人以「學海」稱之；他自己又說：「若不曾多看諸本評註者，亦不敢輕以此本呈教」，所以其注疏可說是在前人基礎之上，將義理思想與文學評論合而觀之。因此本章即以清以前以儒解莊之情形，至《南華經解》以儒解莊之思想論述，作爲《南華經解》特色之一。

第一節 清以前以儒解莊之情形

諸子百家，是華夏民族創造的思想文化，在「王道既微，諸侯力政、時君世主，好惡殊方」（《莊子．天下》）的時代背景下，引發的「九流之術」，雖因「天下大亂、賢聖不明、道德不一」（《莊子．天下》）而「各引一端，崇其所善，以此馳說，取合諸侯」（

《莊子·天下》），而百家相搏，卻又相溶，尤以孔、孟、老莊，影響最鉅。孔子、老子留下的文字著作不多，但孟子、莊子的詮釋與闡發，將儒道兩家，推至思想的終極源頭，這樣的源頭活水，在後代注釋者，根據時代的要求，隨時補充新內容，才匯爲儒道的洪流。

儒道二端，各取一方，各持己見，在一正一反的態度下，雜糅了彼此相近的觀點。《漢書·藝文志》：「其言雖殊，譬猶水火，相滅亦相生也；仁之與義，敬之與和，相反而相成也。」《易·繫辭》曰：「天下同歸而殊途，一致而百慮」在門戶宗派中，我們見各派，各有所長，亦有蔽短，所言者，有省與不省，所行者，有遠與近之途，途徑不同，而最終卻在彼此的對立與補充中完成。

數千年來，歷代思想家在經籍中，思考其蘊涵的問題，形成源遠流長的注疏傳統，例如《莊子》一書中，即有許多企圖熔儒道思想於一爐，成爲儒學莊學之間似對立又互補的現象產生。

一、儒道互補

（一）儒道互補爲思想源頭

儒家與道家繼承與總結了華夏民族長期發展中所累積起來的經驗和智慧，這是先民爲了解決生存，同自然和社會接觸交往中，透過無數人的嘗試、努力、及思考淬鍊而得。儒家偏于人和社會（人與人），道家偏于人和自然（人與天），這兩者的結合，即爲華夏文化的本根或稱道統，而其他各家，僅拾取某一方面，爲「一曲之士」爲「本根」上的「枝葉」，如墨之「非儒」，是針對儒家「禮」的而生出的，其維護宗法、修習六藝，與儒家並無二致，基本上是雜糅於儒家，爲儒家所吸納，只有道家在根本點上與儒家對立，能夠在極端的對立中實現最大的互補。

儒家強調人於現世的努力，對社會存在與發展，重視其積極的意義，強調濟世；但社會結構是會變化的，個人的濟世，未必能服務於不斷變化的社會群體，若不爲客觀時勢所接納，儒家則以「命」視之。孔子說：「道之將行也與，命也，道之將廢世與，命也」（《論語・憲問》），孟子說：「若夫成功，則天也，君如彼何哉！強爲善而已矣！」（《孟子・梁惠王下》），人的濟世如能爲社會接納，這才是儒家在有限生命下，發揮永久的生存意義，如不行於當世，則易從濟世而轉爲遁世，孔子說：「天下有道則見，無道則隱」（《論語・泰伯》），孟子說：「得志，澤加于民，不得志，修身見于世。窮則獨善其身，達則兼善天下」（《孟子・盡心上》）這種「無道則隱」「獨善其身」，都表現孤清寂寞的遁世思維，也是由儒入道的契機。亦儒亦道，思想合一，才是文化思想的本根與源頭。

(二) 儒道互補的矛盾與融合

社會是複雜的，人的思想是活躍的，當一個人處於社會不接納、否定中，自然在看待問題的角度上，產生種種的遲疑，如莊子云：「身在江湖上，心居乎魏闕之下，奈何？」(〈讓王〉)，既想當隱士，又想當高官，正如淵明云：「一心處兩端」(《雜詩》之九)。這樣的矛盾，在思維上不斷交互滲透，產生各種不同的矛盾，即使如孔子，亦會在思想上產生不同，甚至矛盾的思維。

如孔子對管仲的評價就曾出現過矛盾，如云「管仲之器小哉！」「管仲而知禮，孰不知禮！」(《論語．八佾》)，但他又在另一方面贊美管仲：「管仲相桓公，霸諸侯，一匡天下，民到于今受其賜，微管仲，吾其被髮左衽矣！」「桓公九合諸侯，不以兵車，管仲之力也。如其仁！如其仁！」(《論語．憲問》)，可見得孔子是站在不同角度來評價的。誠如《莊子．寓言》)云：「孔子行年六十而六十化，始時所是，卒而非之，未知今之所謂是之非五十九非也。」又如孔子受困與陳蔡時，他強調的是生命，豐衣足食之後，他強調的是仁義禮樂，在《墨子・非儒》中有詳細的記載：

孔子窮于蔡、陳之間，藜羹不粮。十日，子路為享豚，孔某不問肉之所由來而食，號（當為褫）人衣以酤酒，孔某不問酒之所由來而飲。哀公迎孔子，席不端弗坐，割不正弗食，子路進，請曰：『何其與陳、蔡反也？』孔某曰：『來！吾語汝。曩與汝為苟生，今與汝為苟義。』

這種現象，讓我們得知，思想家的言論，若單從字面上看是很矛盾的，矛盾的表面在本質上卻和諧一致的，如《呂氏春秋・愛類》：「民寒則欲火，暑則欲冰，燥則欲濕，濕則欲燥，寒暑燥濕相反，其于利民一也。」「看似矛盾的東西，卻有著內在的統一性，合理性，能夠得其環中，以應無窮了。

《莊子》書中這種似矛盾又統一的現象更多。莊子他反對儒家仁義，卻又提倡大仁大義，主張大辯無言，卻又著書立說，既要求人們無思無慮，又要求人們學道得道。例如看待死亡，莊子多次談到生死，甚至在〈齊物論〉〈至樂〉等篇都認為死比生好，可是莊子又專列〈養生主〉講養生養神以保命，〈讓王〉中又提出：「兩臂重于天下」的思想，莊子這種一邊講死比生好，一邊勸人愛惜生命的矛盾現象如何解釋？難道僅以「其書非出自莊子一人之手」解之即可嗎？❶事實上，我們不必因表面的枝蔓矛盾而迷惑，莊子歌頌死亡，正因他熱愛生命的的曲折反映，竭力美化死亡，亦是減其壓力的過程罷了！無論講生死齊一，養生應世，其目的也是追求一個健康、平衡的心理，能逍遙遊於人間世罷了。

由上所述，一個思想的思維方式、思維的結構、和價值的追求，原本就涵攝各種不同的見解、方法，本來就顯現既矛盾又和諧的完整體，儒家有不同時間、空間所論述的道家思維，道家亦有其超越形下而求完成現世的儒家思維，這種複雜又合理，產生儒道之間不可分割的互補關係，雖是語言形式上的矛盾，但實則在精神實質上是具有互補和統一性的。

二、儒與莊之關連

儒、道的對話是從孔子問禮於老子開始，《史記·孔子世家》、《老莊·申韓列傳》、

❶張松輝：《莊子考辨》中，討論思想矛盾的幾種表現有：一、眞正的矛盾，即自我否定。二、多重需要和不同角度觀察造成的矛盾。三、虛假的矛盾。四、他把莊子既矛盾又統一的思維方式，名之爲虛假的矛盾。（湖南：岳麓書社出版，一九九七年五月），頁六二。

《禮記・曾子問》第七等篇都有記載，而莊子與儒家的關連，則從莊子之學出於儒作辨析，分述如下：

(一) 莊子思想淵源

莊子之思想淵源，一說承續自古代道家。《莊子・天下》：「芴漠無形，變化無常。死與生與，天地並與，神明往與，芒乎何之，忽乎何適？萬物畢羅，莫足與歸。古之道術有在於是者，莊周聞其風而說之。」但「古之道術有在於是者」這句話甚爲籠統，〈大宗師〉固曾言伏羲，黃帝顓頊，各有所得於道，〈天運〉又云：「三皇五帝」非聖人，因此莊周「聞其風而說之」恐怕非指一人或一言而已。

又說莊子思想是繼承老子。此說出之於太史公《史記・老莊申韓列傳》。傳中說：「莊子者，蒙人也，名周。周嘗爲蒙漆園吏，與梁惠王、齊宣王同時。其學無所不窺，然其要本歸於老子之言，故其著書十餘萬言，大抵率寓言也。作〈漁父〉、〈盜跖〉、〈胠篋〉，以詆訿孔子之徒，以明老子之術。畏累虛，亢桑子之屬，皆空語無事實。然善屬書離辭，指事類情，用剽剝儒墨，雖當世宿學，不能自解免也。其言汪洋自恣以適己，故自王公大人不能器之。」歷來學者均信此說。可是〈天下〉中，莊子（或其後學）雖曾尊老子爲古之博大眞人，卻將老莊道術分別敘述，並且沒有討論其關聯性，可以想見在當時（或稍後）兩者並未認可有一脈相傳之事實。

還有認為莊子師承孔門。由於莊子對儒家思想激烈無情的批判，很少人會探究莊子與儒家內在的關連，實則應有更複雜和直接的影響。在《史記・孟子荀卿列傳》中，荀子即視莊子為「鄙儒」，莊子在〈人間世〉中反復強調臣子一定要服從君父，為君父服務時，要「忘其身」把個人生命置之度外，這不是典型的「尊卑先後」的觀念嗎❷？其次，莊子一書中以孔子為故事題材，或在言語中提及孔子的，有二十一篇，約四十五處，莊子「寓言十九、重言十七」多半借由孔子，進而提出莊子後出轉精的論證。明確提出莊子之學說淵源自孔子儒學的，是唐代韓愈。他說：

> 吾嘗以為孔子之道大而能博，門弟子不能偏觀而盡識也，故學焉而皆得其性之所近，其后離散，分處諸侯之國，又各以所能授弟子，原遠而未益分。蓋子夏之學其后有田子方，子方之流而為莊周，故周之書喜稱子方之為人。
>
> （《昌黎先生集》卷二十〈送王塤秀才序〉）

---

❷《莊子・人間世》：「子之愛親命也。不可解於心；臣之事君義也。……為人臣子者，固有所不得已，行事之情而忘其身，何暇至於悅生而惡死！」（引見清・郭慶藩：《莊子集釋》台北：天工書局，一九八九年九月）。

清姚鼐也接受韓愈的論斷，認爲：

子游之徒述夫子語，……子夏之徒述夫子語，以君子必達于禮樂之原，禮樂原于中之不容己而志氣塞乎天地。以言禮樂之本亦至矣。……其始固存七十子，而其末遂極乎莊周之倫也。莊子之書言「明于本數」及「知禮意」者，固即所謂「達禮樂之原」，而「配神明、醇天地」、與「造化爲人」亦「志一氣塞乎天地」之旨。韓退之謂莊周之學出于子夏，殆其然與。

（《莊子章義·序》）

康有爲作《孔子改制考》以《莊子·天下》篇首之古之人指孔子，謂「莊子學出田子方，田子方爲子夏弟子，故莊生爲子夏再傳，實爲後學」。這一派大多論及莊子出于田子方之門。明、沈一貫，清·章學誠（《文史通義》卷一〈經解〉）姚鼐（《莊子章義》）、康有爲等人皆持此說。

另外一說，莊子之學出于儒，而認爲其應出於顏氏之儒，顏氏之儒，是《韓非子·顯學》篇中指出：孔子之后，儒分爲八，其中有派即「顏氏之儒」。章太炎就提出莊子本是顏氏之儒的看法，云：「莊生傳顏氏之儒，述其進學次第」（《章氏叢書·別錄》卷二〈與人論國學書〉）；錢穆在〈老莊的宇宙論〉中云：「……子游、子夏各有傳統，而《莊子》內篇，則時述顏淵，若謂莊子思想，誠有襲於孔門，則殆與顏氏一宗為尤近。……今欲詳論顏氏思想，雖憾書缺有間，然謂莊周之學乃頗有聞於孔門顏氏之風而起，則殊略可推信也。❸」因此，章太炎、錢穆等人，認為莊子之學，出於顏氏之儒。

郭沫若在《十批判書》中〈莊子的批判〉亦認為，一則《莊子》中記述顏回與孔子的對話很多，顏回一共出現十五次，二則顏回是有出世傾向，所以顏回與莊周思想較近。童書業亦由莊子書中最重要的兩段修養論，「心齋」與「坐忘」分見於〈人間世〉與〈大宗師〉皆托於顏淵之口，因此認為「顏氏之儒可能本來就有些『內傾』的修養論，莊子發展了他們的學說，援儒入道，就產生了這種『心齋』、『坐忘』的修養論」。❹因此，莊子之學就有淵自古道家、老子、孔門等說法。

(二)剽剝儒墨，獨樹一幟

莊子思想中對儒家辛辣的嘲弄與猛烈的批判，可從另一角度表明，莊子是從儒家思想

---

❸見錢穆：《莊老通辨》（台北：三民書局。一九九一年十二月）。

❹見童書業：〈莊子思想研究〉，《莊子研究》（復旦大學出版，一九八六年五月），頁二一四。

中掙脫、蛻變出來的痛苦的心路歷程，孔子的「克己復禮」、「治國平天下」、「不義而富且貴」在莊子〈列御寇〉中見「秦王有病召醫，破癰潰痤者得車一乘，舐痔者得五車。所治愈下，得車愈多。」「彼竊鉤者誅，竊國者爲諸侯。諸侯之門而仁義存焉！」（〈胠篋〉）這種種現實社會之現象，讓莊周認識到孔子仁義禮智信的虛妄，只是成爲統治者的工具罷了。

「只有深深地信仰過儒家思想的人，只有爲儒家理想苦苦奮鬥過的失敗者，才能有這樣深重的悲憤和這樣的思考」❺，因此莊子慨嘆「天下有道，聖人成焉，天下無道，聖人生焉，方今之世，僅免刑焉」（〈人間世〉）。其實，莊子的這種棄儒從道的心路歷程，在中國傳統知識份子上，幾乎一而再，再而三，三而無窮地重演，客觀的仕途不順，主觀的不願入仕❻，大時代的動亂不堪，在在影響著儒生、士大夫，改弦易轍，出于儒而歸道，遁入山林或書齋，（或爲道士，或爲釋佛），或外儒而內道。但不可否認的莊子雖「剽剝儒墨」（《史

---

❺見劉士林：〈論莊子的儒家心路歷程〉，《史學月刊》，一九九三年第三期，頁四－九。

❻朱越利：〈試析「棄儒從道」〉，《道家文化第十輯》，他將棄儒從道大致分爲兩類，第一類是主要由客觀因素所趨使者，客觀因素即仕途不順，如一、科舉不中；二、封建禮法所阻；三、起用已晚；四、身遭變故。第二類是表現爲強烈的主觀色彩者，即不願入仕，如一、不應考；二、先儒學晚年好道；三、棄官入道；四、外儒內道。（上海：古籍出版社，一九九六年八月），頁九六－一〇四。

記·老莊申韓列傳》）但確也雜糅各家獨樹一幟。

莊子除了兼融古之道家、老子，以及儒門孔、顏外，其他如楊朱的「不以物累形」（《淮南子·氾論》）；子列子的貴虛（《呂氏春秋·不二》）；關尹的貴清（同上）；宋牼的「非鬥」（《孟子·告子章》和「見侮不辱」（《韓非子·顯學》）；彭蒙的「莫之是，莫之非」（《莊子·天下篇》）；田駢的貴齊（《呂氏春秋·不二篇》）以及愼到的「棄知去己」（《莊子·天下》），均予莊子思想有所影響。莊子文中談到〈大宗師〉稱女偊聞道之由，則由「副墨之子」，歷溯「洛誦之孫」、「瞻明」、「聶許」、「需役」、「於謳」、「玄冥」、「參寥」，以至於「疑始」。由此可以看出莊子兼融各家的過程，先「疑始」即言聞道始於懷疑，是亦「自聞而已矣」（〈駢拇〉），而後益以「不以觭見」（〈天下〉）之量，故能「無南無北，奭然四解，淪於不測，無東無西，始於玄冥，反於大通。」（〈秋水〉）故莊子的思維，正是因納百川，而復通爲一，故能成其思想之金字塔。

三、歷代儒與莊之對話

莊子誠如太史公所云：「其學無所不窺」、「其言洸洋自恣以適己」，他以「寓言十九、重言十七、卮言日出」的論證方式，導致了其思想不易確解，同時也給詮釋者留下了多種理解的天然契機，使其精神薪盡火傳，逾越千年，表現出亙古而常新的力度，《莊子》本文的多義性，是後代詮釋者最有利的空間。

任何時代的思想家，通過《莊子》一書來理解和闡釋時，隨著自己的知識結構（成見）、歷史性（Historically）的文化傳承，自會產生與衆不同的解釋，注釋者和作者之間，因歷史距離而產生差異，也因新的互動關係，而有前所未發創造性的新鮮觀點，實現了第三度空間的「視界融合」❼它不斷增生，一源而多流，呈現不同思想家在不同文化背景下的「解釋模式」（the interpretive models）❽，個人的際遇、廣博的知識、豐富的經驗、深刻的理解、社會的思潮、思想的傳承、時代的背景，都會使解釋者和作品之間建立起不同的聯繫，多樣的面貌，就在新的意義與對話的媒介中，開啓第二序（second order）的《莊子》，在闡釋長河中，長江後浪推前浪，無窮盡的過程下開出朵朵的浪花。❾

---

❼出於迦達默爾：〈眞理與方法〉，《哲學譯叢》一九八六年第三期，頁六三。

❽卡勒（Jonathan Culler）：《結構主義詩學》（Structuralist Poetics），（美國：康乃爾大學出版社，一九七五年），頁一二九－一三〇。

❾參見張峰屹：〈從《莊》注之差異看「莊子影響」問題〉（蒙古：《內蒙古大學學報》一九九六年第六期），頁一〇一－一〇六；葉舒憲：《莊子文化解析》（湖北：人民出版社，一九九七年八月），頁二；董洪利：《古籍的闡釋》（遼寧：教育出版社，一九九五年六月），頁一七八；林希逸：《莊子口義研究》（台中：逢甲大學中文研究所碩士論文，一九九一年一月）。

(一)百家簧鼓的先秦

由以上論述可知，莊學本身的思維演變，即具有融合各家的多元化思維，而莊子的學生並非只有一人，學生們各有所愛，各有所長，發揮莊子思想中各種不同的面貌，編入《莊子》書中，成爲《莊子》書中洋洋大觀，不同的看法。如羅根澤《諸子考索》以莊子外雜篇爲莊子後學所著，而其思維則各如其面，他分之爲：戰國末年左派道家（罵聖人、罵仁義、罵禮樂）、漢初右派道家（與儒家有相當的妥協）、秦漢神仙家、莊子派、老派、道家雜俎、老莊混合派、道家隱逸派等。❿而劉笑敢在《莊子哲學及演變》中則將莊子後學分爲繼承和闡發的述莊派，由超脫現實到抨擊現實的無君派，及由剽剝儒墨到融合儒法的黃老派三類，可以見得不但儒與墨分門，莊子之學亦百家齊鳴，簧鼓不已。

莊學對荀儒亦產生影響，先秦儒家和道家思想和其他各家的相互影響下，不斷增加新的

---

❿此說見於羅根澤：〈莊子外雜篇探源〉，《諸子考索》（北京：人民出版社，一九五八年二月），頁二八二－三〇八；而後關鋒：〈莊子外雜篇初探〉，《莊子內篇譯解和批判》中承此說法，而修正爲外雜篇包括：莊子後學、老子後學左派、楊朱派後學、宋鈃、尹文派後學。（北京：中華書局，一九六二年），頁三一九。

理論內容，變化成新的理論形態，莊子本身及後學就已開展出不同的面貌，荀子在〈解蔽〉中，更是批評莊子「蔽于天而不知人」，然而，荀子本身已不合孔孟之言，他援用《莊子》的概念、名物，如「明天人之分，則可謂至人矣」（〈天論〉）接受莊子自然哲學的基本觀念，如「萬物各得其和以生，各得其養以成」（〈天論〉）顯然是在莊子「天道運而無所積，故萬物成」（〈天道〉）的影響下產生的。

由以上論述，可以見得，莊子與儒家在先秦就已在碰撞、融合中形成互補互溶的狀態，而莊學的影響，不僅在當世是橫面的開展，由於其學說本身的生命力，使得它在整個中國思想史上，更是產生多元化又不斷滙合各家的增生與開展，在與儒家對立又互補的學術格局中，產生更多元的視界融合。

（二）儒顯道隱的兩漢

前人對漢魏六朝道家稱之「黃老或老莊」，許多學術史家認爲，黃老之學盛于兩漢，而老莊之學倡于魏晉。清・洪亮吉云：

莊子一書，秦漢以來皆不甚稱引，自三國時，何晏、阮籍、嵇康出，而書始盛行；陳壽《魏志·曹植傳》未言：晏好老莊之言，〈王粲傳〉未言：籍以莊周爲模則，於康則云：好老莊，老莊並稱，實始於此，於是崔譔、向秀、郭象、司馬彪等接踵爲之注，而風俗亦自此移矣。（《曉讀書齋初錄》卷下）

江泉則云：「漢以前皆稱黃老而不稱老莊，以莊並老，實起于魏晉之後」（〈論黃老老莊中韓之遞變〉載於《讀子卮言》卷二），他們都以爲莊子乃魏晉才開始談論。但事實上，兩漢已經開始重視老莊，因爲據史籍所載，不僅太史公將老莊合爲一傳，而且兩漢之際，研習老莊的儒生隱士也已不乏其人。

例如兩漢之史家對莊子也有所評價。黃師錦鋐《莊子及其文學》中云：「莊子之學，肇自西漢」，自有莊子以來善讀其書者，首推司馬氏父子，司馬談〈論六家要旨〉把道家特色勾勒出來：「道家使人精神專一，動合無形，贍足萬物，其爲術也，因陰陽之大順，采儒墨之善，撮名法之要，與時遷移，應物變化，立俗施事，無法不宜，指約而易操，事小而功多。」司馬遷評論莊子，更是才識絕論：

然善屬書離辭，指事類情，用剽剝儒墨，雖當世宿學不能自解免也。其言洸洋自恣以適己，故自王公大人不能器之。（《史記·老莊申韓列傳》）

兩漢儒者明顯地受莊子影響很大的學者，首推淮南王劉安，《淮南子》一書中，處處可找出他引用莊子的話。

夫道也者，覆天載地，廓四方，斥八極。（〈原道〉）

夫所謂眞人者，性合於道也……形若槁木，心若死灰（〈精神訓〉）

以上所述，第一節與〈大宗師〉論道「生天生地」大意相同，第二節與〈逍遙遊〉、〈齊物論〉描寫是一樣的，故其書頗能闡發莊子義，「謂之莊注，亦無不可也」（《莊子及其文學》）根據《文選》李善注，曾引漢代《莊子略要》及《莊子後解》兩書，皆云爲劉安所撰，惜今已不傳，但由《淮南子》仍能見其儒、道之合流。

東漢時，老莊學在京師附近，亦有儒家學者尚老莊，扶風馬融、班嗣即其顯要者，馬融爲儒者，亦引老莊爲言：

融既飢困，乃悔而嘆息，謂其友人曰：古人有言，左手據天下之圖，右手刎其喉，愚夫不爲，所然者，生貴於天下也。今以曲俗咫尺之羞，滅無貲之軀，殆非老莊所謂也。（《後漢書・馬融傳》）

徬徨縱肆，曠瀁敞罔，老莊之概也。溫直擾毅，孔孟之方也（〈長笛賦〉全漢文卷十六）

班嗣則於《漢書·敘傳》云：「嗣雖修儒學，然貴老嚴（即老莊，避明帝之諱）之術。」桓譚欲向班嗣借老莊之書，卻聽得班嗣一番老莊義理。可惜班嗣未留下長篇著作，故不見其學說之細節。

兩漢賦家，如賈誼的《弔屈原賦》、《鵩鳥賦》，班固的《幽通賦》，張衡的《歸田賦》、《髑髏賦》，趙壹的《刺世疾邪賦》，都有化用莊子語詞，援引莊子思想，舉例如下：

襲九淵之神龍兮，沕深潛以自珍。（《弔屈原賦》）

其生若浮，其死若休，澹乎若深泉之靜，泛乎若不繫之舟。（《鵩鳥賦》）

恐魍魎之責景兮，羌未得其云已。（《幽通賦》）

超塵埃以遐逝，與世事乎長辭。（《歸田賦》）

傾見髑髏，委于路旁。（《髑髏賦》）

舐痔結駟，正色徒行。（《刺世疾邪賦》）

兩漢至魏晉，多是亦儒亦道的思想，其抒情賦或述理賦，引用莊子語詞，反映的是「儒顯而道隱」的文化現象，雖不顯於朝，而顯於野，文人賦家在仕途受挫，生活失意時較接近老莊思，注家之著述如劉安《莊子要略》、《莊子後解》，班固爲《莊子》作章句，馬氏（馬融）亦曾爲《莊子》注音，然而皆已不傳於世，但莊子的影響也已經流傳甚廣。

（三）非儒非道的魏晉

魏晉玄學以東晉王坦之《廢莊論》的話來說是：「在儒而非儒，非道而有道」（《晉書・王湛傳》），魏晉玄學和士風都深深烙印著莊子思想的痕跡，浸透著莊子的精神，但本質上又並非莊子。在魏晉這「知其不可奈何而安之若命」的時代，漢代所稱之「黃老」，此時盛稱「老莊」，評論和注釋《莊子》者驟增，並且從「老莊」並稱，倒過來變爲「莊老」聯稱。⓫莊子對魏晉玄學，名教與自然的關係上就有三種不同的新回答：

其一是以何晏、王弼爲首的名教與自然合。世之論莊學者，多半以向郭爲主，實則「何晏王弼雖重老易，亦仍不廢莊子學，論語集解、易注，多闡莊子之學」⓬何晏、王弼在討論「聖人有情」或「聖人無情」時，思想的源頭即是莊子所言：「吾所謂無情者，言人之不以好惡內傷其身，常因自然而不益生也」〈德充符〉。何劭《王弼傳》說：

> 何晏以聖人無喜怒哀樂，其論甚精，鍾會等正之。弼與不同，以爲聖人茂于人者，神明也；同于人者，五情也。神明茂，故能體沖和以通無，五情同，故不能無哀樂以應物。然則聖人之情，應物而無累于物者也。
>
> （《三國志·魏志、鍾會傳》注引）

⓫例如魏嵇康：《與山巨源絕交書》云：「又讀莊老，重增其放」；晉郭象注《逍遙遊》篇云：「此莊老之談所以見棄於當塗」又注〈在宥〉云：「夫莊老之所以屢稱無者何哉？」；東晉·孫盛《老子疑問反訊》亦云：「或問莊老所以故發此唱！」（《四部叢刊》景明刊本《廣弘明集》）。以上所舉之例，都是以「老莊」並稱的。

⓬黃師錦鋐：〈魏晉之莊學〉，《莊子及其文學》（台北：東大圖書公司一九七七年七月初版，一九八四年九月再版），頁一六一。

何晏聖人無情，指的是聖人之情合於自然，發而爲名教，歸而爲理，王弼聖人有情，是指聖人之情，出於自然，體現名教出於自然，兩者就名教與自然而言，情與理的關係上是調和的，皆可溯至莊子思想背景中而化合爲一。

其二是以嵇康、阮籍爲代表的名教與自然離。嵇康：「越名教而任自然」（《釋弘論》），直呼「老子、莊周，吾之師也」「少家孤露，母兄見驕，不涉經學　又讀老莊，重增其放。」（嵇康《與山巨源絕交書》）；阮籍則云：「禮豈爲我輩設也」（《世說新語・任誕》）又有《達莊論》云：「彼六經之言，分處之教也；莊周之云，致意之辭也。」由《達莊論》一篇的論述，可知其價值正如徐麗霞《阮籍研究》所說：「逮阮籍《達莊論》一文出，莊子二字乃得見諸筆墨也……嗣宗之莊論洵魏晉莊學之關鍵，豈可等閒視邪？」⓭阮籍並將《莊子》的至人，援用在《大人先生傳》中云：

> 大人者，乃與造物同體，天地並生，逍遙浮世，與道俱成。今吾乃飄飄於天地之外，與造化爲友。故至人無宅，天地爲客；至人無主，天地爲所；至人無事，天地爲故。無是非之別，無善惡之異，故天下被其澤而萬物所以熾也。

⓭見徐麗霞：《阮籍研究》（台北：師範大學國文研究所集刊，一九八〇年六月第二四期），頁九一。

故錢穆〈記魏晉玄學三宗〉云：「嵇阮意徑，則寧與莊周尤近」，認為嵇康、阮籍他們可以說是把莊子思想，烙印得最清晰者。

其三則是向秀、郭象的名教與自然同。向郭為注莊名家，向秀有《莊子隱解》二十卷，郭象有《莊子注》三十三卷，向之解莊，其書已逸，不多做說明⓮。郭象認為體現在聖人身上的名教與自然是一體之兩面，一身之內外，同是「本性」的表現，同為「任性」的結果。他會通儒墨，一則在其「跡冥論」中，認為理想的聖人，乃集「跡」「冥」於一身，能夠為於無為，治於不治。除以上將名教與自然兼容並蓄，以儒解莊外，一則援《中庸》：「率性」之旨，以合《莊子》「因是」之義。⓯

> 夫小大雖殊，而放於自得之場，則物任其性，事稱其能，各當其分，逍遙一也。（郭象注《逍遙遊》）

物的性分各有不同，然皆可以各安其性，各當其分，就是「逍遙」，此即所謂「理有至

⓮後人多據世說新語，謂郭注竊自向秀，然世代遼遠，傳聞異詞其多，此處不詳加討論。

⓯錢穆：《莊老通辨》，謂郭象注《莊》，好言《中庸》字，又稱「會合儒莊」，為當時風氣所趨。（台北：三民書局，一九九一年十二月）。

分，物有定極，各足稱事，其濟一也」。這樣的注解，實以《中庸》「率性」的工夫來證成《莊子》逍遙的境界。此外，郭象注〈人間世〉有：「任理之必然者，中庸之符全矣，斯接物之至者也」，「窮理」與《易傳》所言：「窮理盡性以至於命」相類。因此，注《莊》而多參用儒義，實為郭象《莊子注》之特色。⑯

儒道兼修，乃自漢以來皆如此，而至魏晉，郭象已儼然將孔子與莊子間不同之意見，化合為一，成為儒與道之間合流之史跡。在莊學發展上，郭象在此扮演了承先啓後的關鍵人物，他打破莊學的沉寂，讓莊學成為一門顯學，但也樹立了一個修正莊子的範例，透過郭象《莊子注》，歷代學者聚訟紛紜，莫衷一是，爭論何為莊子之眞意，其聲不絕於耳，亦突顯了「援儒以入莊」的價值性。不論何晏、王弼「援道入儒」，以調合儒道，到郭象「援儒入道」而合二者為一，都可以看出「儒道合」既似儒又非儒，既似道又非道的明顯傾向。⑰

（四）儒道合流的隋唐

---

⑯詳見戴師景賢：〈莊子郭象注參用儒義之分析〉，郭象注《莊》之旨雖與《中庸》、《易傳》有異，然亦無礙其以參用儒義為特色。（高雄：中山大學學報，一九八五年六月第二期），頁一九—二八。

⑰參見劉宗賢、謝祥皓：《中國儒學》，（四川：人民出版社，一九九八年八月二版），頁三八一；侯外盧《中國思想通史》三卷六章四節（北京：人民出版社，一九五七年五月一版，一九九五年十月七刷），頁二五二。

東晉南北朝後期玄學已有與佛學融合之趨向，隋唐由於皇帝尊崇老莊，莊子詔封爲「南華眞人」，其書命曰：《南華眞經》，並列入科舉「明經」科，莊子政治地位提高，而注莊者如陸德明、成玄英、文如海的「以儒解莊」之傾向甚不明顯。甚至西華法師成玄英，以道士之身分，認爲莊子爲仙人，他以道教徒的立場，抨擊儒墨，貶抑仲尼，並吸收佛家，推舉老莊，云：「玄儒理隔內外，道殊勝劣，而論不相及。「將老莊與孔子分成方內與方外兩途⑱；道士司馬承楨在《坐忘論》中，即以莊子「坐忘」列入「學道之初，要須安坐，收心離境，任無所有，不著一物，自如虛無，心乃合道。」，這時，隋唐莊學呈現道家與道教合一，兼容涵化的現象，使得莊學產生更多角度伸展的精神面貌。⑲

莊子思想，雖以宗教理論形式得以廣泛流傳，但亦有儒家如傅奕告誡其子：「老莊玄一之篇，周、孔六經之說，是爲名教，汝宜習之」，傅奕把老莊與儒家聖人周孔並提，明顯表現出儒、道合流之傾向。文學家如韓愈、柳宗元都愛好《莊子》文章，柳宗元更云：「莊周言天曰自然，吾取之」（《柳河樂集》卷三〈天爵論〉）。

---

⑱龔鵬程：〈成玄英莊子疏探論〉，《鵝湖月刊》一九九二年七月，頁一九三。

⑲見李大華：〈略論隋唐老莊學〉，《道家文化研究》第一輯，提出隋唐老莊學的特點，是通過道家與道教合一，兼容涵化的式態，義理化的歸向、多向度的舒展等精神風貌。（上海：古籍出版社，一九九二年六月）。

較爲重要的是，李翺的《復性書》中，提出了「滅情得性」的口號，主張用「齋戒其心」的辨法，去「滅情」，云：「弗慮弗思，情則不生，情既不生，乃爲正思，正思者，無慮無思也」（《復性書・中》），可以見得李翺的這套理論是受到莊子「心齋」、「坐忘」、「恬淡」、「虛靜」、「心如死灰」的「體道」方法的影響，並與莊子的「同乎無欲，是謂素樸，素樸而天性得矣！」（〈馬蹄〉）的思想也有聯繫。沿這條思路發展下去，就走向宋明理學的道路，所以稱李翺《復性論》對宋代理學起了先驅作用，是很有道理的。⓴

（五）陽儒陰道的宋代

以程朱陸王爲代表的宋明理學，曾被稱爲新儒家，但究其實，它並不是純粹的儒家，乃是儒釋道三教合一的產物，如：周敦頤《太極圖說》：「自無極爲太極」，即明顯脫胎于《周易・繫辭上傳》：「易有太極」和《莊子、大宗師》：「在太極之上不爲高」共用的範疇。戴震即在《孟子字義疏證》直謂宋儒之所謂理，即是莊子之「眞宰」，釋氏之「眞空」，不過改易字面耳。㉑

⓴參見白本松、王利鎖：《逍遙之祖—莊子與中國文化》，河南：河南大學出版，一九九五年八月。

宋之注莊者有以儒解莊。回歸儒家孔孟之旨，爲宋儒治學大方向，這種傾向也表現在《莊子》注疏中。呂惠卿《莊子解》便立足於儒家思想觀點，面對《莊子》進行詮釋。〈逍遙遊〉注云：「自堯言之，由雖無爲而未嘗不可以有爲，故請致天下而不疑。自由言之，堯雖有爲而未嘗不出於無爲，故以天下既治而不肯受。」所以，宋儒在注莊中，已顯露出其儒家的傳統色彩。

王安石、王雱父子並愛《莊子》，王安石著《莊周論》，王雱撰《南華眞經新傳》及《南華眞經拾遺》，在其注中也表現欲調和孔莊之學的用心，其注云：「無爲出有爲，而無爲之至則入神矣。夫聖人之動，待神之立，而動既極神，則固其全神，此堯之所以讓天下也。」王雱以爲「孔孟老莊之道，雖適時不同，而要其指歸，則本於大道。」（《南華眞經拾遺》〈雜說〉），因此，他在注《莊》時，頗有調停儒、道思想的意味。

由上所述，宋儒呂惠卿、王雱諸注之「以儒解莊」重在理論的調合，而林希逸《莊子口義》強調讀莊有五難，必精於《語》《孟》《學》《庸》等書，見理素定，又必知文字血脈，知禪宗解數，而後知其言意，更借由章句、段落的詳解，以說明其相通處，如〈逍遙遊〉

㉑戴震云：「譬之二物渾論，於理極其形容，指之曰淨潔空闊，不過就老莊、釋氏所謂：「眞空」、「眞宰」，轉之以言天理；就老莊、釋氏所言，轉而爲六經、孔孟之言。」（見《孟子字義疏證》卷上）

云：

〈逍遙遊〉言優遊自在也。《論語》之門人形容夫子只一「樂」字，三百篇之形容人物，如〈南有樛木〉，〈南山有台〉曰：「樂只君子」亦止一「樂」字，此之所謂逍遙遊，即《詩》與《論語》所謂「樂」也。

宋儒並對莊子加以評騭。自韓愈倡莊子之學出於田子方以來，以莊子之旨合於儒學，以莊子爲孔子門徒的說法相當普遍，除了上述朱子之言，王安石也說：「莊子用其心，亦二聖人之徒矣！」認爲「莊子非不達於禮樂仁義」，其「詆堯舜孔子」是有所寓而言，因此「後之讀《莊子》者，善其爲書之心，非其爲書之說，則可謂善讀矣。此亦莊子所願於後世之讀其書者也。」（《臨川先生文集》卷六八〈莊周〉）蘇東坡在〈莊子祠堂記〉說「莊子蓋助孔子者」，即莊子對孔子是「實予而文不予，陽擠而陰助之」，蘇氏並把〈盜跖〉、〈漁父〉等「若眞詆孔子者」認爲不是莊子的作品，以便剔除難以會通孔莊之處。

有些儒者更指出《莊子》某些篇章與儒家思想相合。如邵雍說：「庖人雖不治庖，尸祝不越樽俎而代之，此君子思不出其位，素位而行世之意」（《皇極經世・觀物外篇》）楊龜山也說：「〈逍遙遊〉一篇，子思所謂無入而不自得，〈養生主〉一篇，孟子所謂行乎其所

無事。」（引自《南華眞經本義・附錄》）

宋儒對《莊子》大肆批評，如司馬光稱莊子爲「佞人」，王安石稱之爲「古之荒唐人」，葉適說莊學既亡身又亡天下，二程曾斥莊子「游方之外」的說法是荒唐之論，「豈有此理」（《程氏遺弟》卷一）。因此宋儒多半都竭力的否認，其思想有受到莊子之影響。如程顥曾說：「吾學雖有所授受，『天理』二字都是自家體貼出來的」（《外書》卷十二）力求與莊子劃清界限，但仔細觀察程顥所謂的「天理」或「理」，無疑是由《莊子》〈養生主〉「依乎天理」；〈刻意〉：「循天之理」、〈天地〉：「順之以天理」……等篇中承接而來的，得知程顥仍有承自莊子之部分思想。

朱熹較推崇莊子，並明白的承認「理」之出於莊子的，他講《莊子・養生主》時則說：「理之得名以此」（《朱子語類》卷一百二十五）。並認爲莊子出於孔門，其言曰：

莊子不知他何所傳授，卻自見道理。蓋自孟子之後，荀卿諸公皆不能及。如說「語道而非其序，非道也」，此等議論甚好，度亦須承受得孔門之徒，源流有自，後來佛氏之教，有說得好處，皆出於莊子。

（《朱子語類》卷十六，第二五四條）

從宋儒雖站在儒家的立場，視莊子爲異端，但得自於莊子的見解，卻更能援儒以入莊，使兩者相輔相成的關係更形密切。

（六）以儒解莊的明代

明代雖對莊學褒貶各異，如楊慎撰《莊子闕誤》評莊云：「莊子，憤世嫉邪之論也。人皆謂其非堯舜，罪湯武，毀孔子，不知莊子矣。莊子未嘗非堯舜也，未嘗毀孔子也，毀彼假孔子之道，而流爲子夏氏之賤儒、子張氏之賤儒者也。」（《少室山房叢》卷二十七）楊慎之意就是認爲，世人不了解莊子，其實莊子是憤世嫉俗，認爲許多儒者只是假借孔子之名的賤儒罷了！根本不是眞正的儒者。

金兆清《莊子榷》序：「南華之義得兩先生而曠若發蒙，知非爲孔孟外道」，朱得之亦言：「求文辭於先秦之前，《莊子》而已！求道德于三代之季，《莊子》而已！」（《莊子通義》自序）而宋濂則言：「孔子百代之標準，周何人，敢掊擊之，又從而狎侮之！自古著書之士，雖甚無顧慮，亦不至是也！」（《諸子辨》），這時的儒者，是把莊子與孔孟視作相同的，在儒道的對答中，援儒以入道的姿態已甚爲明朗。又例如，焦竑《莊子翼》序云：

嗟乎！孔孟非不言無也，無即寓於有，而孔孟也者，姑因世之所明者引之，所謂下學而上達者也。彼老莊生其時，見夫爲孔孟之學者，局於有而達焉者之寡也，以爲必通乎無，而後可以用有，於焉取其所略者而詳之，以庶幾乎助孔孟之所不及。

焦竑認爲孔孟非不言「無」，只是將「無」寓於「有」，而老莊亦非不言「有」，以其見孔、孟之學局限於「有」，而通達者太少了，因此莊子旨在補孔孟之不及，其目的則二者無異。如此，儒道之間即有相互印證之處。

又如方以智《藥地炮莊》是他晚年出家後之作，宗旨在說明以儒解莊的「托孤說」，托孤說是認爲：孔門弟子「子夏出田子方，子方出莊子，莊子乃爲孔顏滴髓」（《一貫回答》），所以方氏稱「莊子爲孔門別傳之孤，故神其跡托孤于老子耳。」（《東西均．象環寤記》），「莊子雖稱老子，而其學實不盡學老子」（《炮莊．天下》）。㉒在方以智看來，莊子生當戰國諸侯爭霸之時，其實王權旁落，禮崩樂壞，世道交喪。「莊子嘆世之溺于功利而疾心」乃「爲此無端崖之詞厄之、寓之。」（《向子期與郭子玄書》）他引劉概的話說：「莊子欲復仲尼之道而非其時，遂高言以矯卑，復樸以絕華。沉濁不可莊語，故荒唐而曼衍。」

㉒見黃釗主編：《道教思想史綱》（湖南師範大學出版，一九九一年四月），頁五九二－五九六。

（《炮莊・天道》），這是說，莊子之所以著《莊子》，是出于當時的形勢而「不得已」的，骨子裡依然是尊重孔子和儒家六經的。明代儒、莊之間，已朗然現出援儒以解莊的討論，而且深深的影響到清代。

清代莊學的基本趨勢，是由義理之闡釋，過渡到字句之訓詁，以印證莊子。清初，考據之學尚不風行，解莊者多義理解莊，其中王夫之，宣穎、林雲銘、傅山，可爲援儒入莊的代表。而宣穎《南華經解》就承襲了歷史上，儒與道的軌跡演變，他能提挈綱領，而闡發幽微，在援儒以入莊的歷史長河中，繼其過往而啓迪後進，將《莊子》義理思維，深入討論，茲於下節詳細敘之。

第二節《南華經解》以儒解莊之思想論述

宣穎《南華經解》解莊的基本立場是以儒解莊，其思想論述是以莊子的道與中庸相同，心學的內容則包括：莊、孔、顏、孟等，修道的工夫在於以赤子之心養之，修道的目的是無爲而物自化。以下即根據此四點做說明。

一、道與中庸

（一）道體是無

宣穎在《南華經解》序中，即明言：「予謂莊子之書，與中庸相表裡」，「寫道只是一無，若莊語之，便是中庸」（〈知北遊〉注），宣穎以儒解莊，在道的體認上，自是與郭象萬物自生之義，有明顯之不同。基本而言，宣穎認爲莊子直據道體而言，與孔子、子思不相上下。云：「余嘗謂莊子悟道，直據峰巔，與孔子子思相上下。止是行文必要奇怪，乃才情溢發，聖門中爲涵養未到者耳。」（〈胠篋〉前言）；可以見得，宣穎相當推崇莊子，以爲莊子一書可與六經地位相當。並謂：「莊子著書，卻定要學道人親見道體，稍一支離，便與道體不似，故特特盡與捐之，所謂要盡眞容，添不得一毫彩色也，六經是以道治世之書，莊子是直揭道體之書。」（〈大宗師〉注）

由以上觀點視之，宣穎解莊子之「道」，自是與玄學或佛、道教的解釋不同。我們以〈大宗師〉「夫道，有情有信，無爲無形，可傳而不可受，可得而不可見，自本自根，未有天地，自古以固存，神鬼神帝，生天生地，在太極之先而不爲高，在六極之下而不爲深，先天地生而不爲久，長於上古而不爲老。」此段宣穎之解釋爲：

注「夫道」云：「至此方接出道字，是大宗師主名」

注「有情」云：「有之動也」

注「有信」云：「動之都也」

注「無爲無形」云：「雖有情有信，而無爲無形」

（〈大宗師〉注）

宣穎言「道」爲：「大宗師之名」，「有之動也，動之都也」，亦以爲道能產生作用。由此看來，他以爲道確實是眞實的而有作用。又云：

道爲事物根本，更無有爲道之根本者，自本自根耳。

未有天地先有道，所以自本自根。

帝即鬼之尊者，其神皆道神之也。

一陰一陽生於道。

（〈大宗師〉注）

宣穎肯定「道」爲天地萬物之根本，在天地萬物之先，具有超越性；變化不測，能生萬物。宣穎並以爲一陰一陽乃生自於「道」，無一物不爲「道」之根本。這樣的詮釋，重視的是「道」具有生化萬物的「本根」性質，與郭象明顯地取消了「道」的超越性不同。「道」是「無」，既是「無」，則非能生天生地。故郭象詮釋「神鬼神帝，生天生地」爲「不神之神」、「不生之生」，重視「不神」、「不生」而使萬物自生自化的一面是不同的。

宣穎詮釋「道體」不因萬化而遷移，乃湛然常存，均肯定道的實體性，因其無所不在，故道可「與化俱移」而「終始常無」也。云：「乾坤到處是道，一說便有不盡。彼此俱囿，眞宰分別，何其多事！」（〈齊物論〉注・前言）既然天地到處有道，故宣穎以「大宗師」爲道之名，云：「大宗師畢竟是道」、「寥天一，即道也」、「大宗師，眞君也」又云：

人之生也，聚族而居必有所自來，宗是也。人之學也，同堂而處，必有所從受，師是也。夫宗有繼禰之統支，猶其小者也。至於繼別則大矣。夫師有一事之取資，猶其小者也。至於繼別大矣。夫師有一事之取資，猶其小者也。至於聖門則大矣。雖然，皆猶其小者也。夫游氣紛擾，化成萬物，而來者不測所自，於穆不已，各正性命，而受者忘其所從，是何爲者耶。張子曰：乾稱父，坤稱母，民吾同胞，物吾與也。可以知宗師矣。

嗚呼！屈伸往來，盛衰消長，是道之體，而乾坤之所以爲乾坤者也。……六合之外，太一之上，有是伸而不屈，來而不往，盛而不衰，長而不消之宗師乎哉！則是巧者之多知與眾愚之相去，其不能以寸也。眞知也，知宗師之不可逆，故與道爲體，而與乾坤者遊，吾固無所用吾知也。無所用吾知，斯爲大宗師之肖子順弟也。

（〈大宗師〉注）

宣穎詮釋莊子的「道」，舉儒家張載〈西銘〉而言，以爲「道」是乾坤變化，化成萬物，而且「道」的作用是：於穆不已，各正性命，故萬物之化，一本於無形之道，因此，人如何體現天道，成爲重要之問題。張載的〈西銘〉背後之理論是儒家的《易傳》與《中庸》之觀念，而在儒家經典中，《易傳》與《中庸》是比《論語》、《孟子》多一些描述宇宙論、形上論等問題，故而宣穎拿它來詮釋莊子。以爲莊子的「道」，就是儒家的「道」，二者是相同的，且此「道」的內容是包含著仁義等內容，並且高於其上。

道體是存在於天地萬物之中的，一般求道之人得其相而遺其精，以事物爲君，則認爲道在其中，殊不知道體有精粗、變化、活活潑潑、循環反覆等特質，故宣穎對道體之無所不在，出乎天地、古今、而循環不已的說明是：

道之大源，出於天地，有物可指之爲道也，無聲無臭，玄而已矣！須無心無爲，然後得之。（〈天地〉注）

道在天地，無瞬息停留，故能貫穿古今，偏徹萬類，苟有所積，便堆在這裏而行不去，著在一物，而氣不周矣！故運而無所積一句，使道盡化體也。天道、帝道、聖道，總是一道，總是一初，初帝配天者也，聖法天者也。（〈天道〉前言）

道在古今，惟其刻刻推遷，所以眞常不毀，得道者便是這一樣。（〈達生〉注）

寫道體無在無不在，無不在而無在，潑撒則當前徧滿，膠著則毫無覓處，如此披揭，何啻晨鐘？（〈知北遊〉注）

道之循環無端，不可得其終，不可得其始也，若欲窮究所起，便是以有端測之矣。故但言循環之妙，此外無容擬議也。

（〈則陽〉注）

既然道體是遍在萬物，如此難以把握，因此宣穎認爲要識得道體，就必須先看破物情，感悟到道體的窅然，故謂：

眞見道體看破物情，原無貴賤小大足據，則上所云不期精粗，非強泯之也，熟讀此段當得無礙光明。

（〈秋水〉注）

總是說道窅然耳，夫道窅然難言哉，一句便盡矣！下用昭昭二句。一提遂詳言萬物之化，一本於無形之道，作二小段，更遞入人生之形，莫非暫借，此無形之道，亦作二小段，蓋道之窅然亦既明矣！雖然如此敷陳，不移於窅然之不難乎，言末一段，急收到同知之論，非至者所務，則道之不容言又明矣！

（〈知北遊〉注）

所以道體雖存於古今天地之間，但它與時遷移，不著痕跡，因此宣穎由〈齊物論〉中：「道惡乎隱而有眞僞，言惡乎隱而有是非，道惡乎往而不存，言惡乎存而不可，道隱於小成，言隱於榮華，故有儒墨之見非。以是其所非，而其所是，欲是其所非，而非其所是，則莫若以明。」一段中體悟出：

莫若以道原無隱，言原無隱者，同相忘，於本明之地，則一總不用是非，大家俱可省事矣！（〈齊物論〉注）

宣穎除了對道體有透徹的看法，他還將道體由隱微至顯明，這種莫若以明的體悟，以四個層次分述之：

道與言本無隱，何處不是，是第一層。

偏見之人言道，又支以浮誇之説，而道始隱，言始隱，是第二層。

儒墨二家有自言道宗匠憒其隱也。而以此之是非，正彼之是非，是第三層。

然以是非而正是非，未得也。莫若以本明者之，是第四層。

以上由宣穎「莫若以明」之體悟，已清楚的把道的本源，以及道的是非，分析得清楚明白；宣穎又進一步指出學道的方法。他以爲一個人學道，絕不可因道體費而隱，就視之不見，應該要由大處著眼。故宣穎借由〈秋水〉的答問中，領悟了識道的方法，他將河伯海若問答，以「一層進似一層，如剝蕉心，不盡不止」的方式解析之。

學道最忌識卑，第一番　要見大，見大似可忽小。
第二番　不可忽小，然則小大俱當究心矣。
第三番　小大一齊掃卻，掃卻小大，則物何故又有箇貴賤，有箇小大。
第四番　本無貴賤小大，既無貴賤小大，學者何所適從，將何者當爲，何者當不爲。
第五番　爲不爲一齊放下，止是無方自化，如此似乎無取學道。
第六番　知道者，超然物外，純乎在天，則是無方自化，道之妙處，正大之妙處，豈不足貴，天人何足分別。
第七番　自然者是天，作爲者是人，故不可以人滅天，不可以人滅天，豈可以故滅命？不可以故滅命，豈可以名喪德？
凡七番披剝，用於三句一束，結出反眞，蓋漸引漸深，造乎極微而後止也。（〈秋水〉注）

宣穎把這七番識道的方法，由「開拓心胸」開始，而進入「探埋入細」，再進入「纖翳不伯」而「胸如智珠」，然後由「大道自在」至「造極之言」，終於「歸根復極」，將此「道」終結於「反眞則眞在我，安往而不與物同樂乎！」、「及至照處，乃是一體融徹，即此便是圓通大智也。」（〈秋水〉注）宣穎在此，已然將道的最高境界，層層入裡的表現出來。

道體既是存於萬物之中，又無所不在，因而物之所在，即道之所在，雖無邊際，但確有其識道的路徑與方法。因此宣穎云：「寂處是道」（〈天地〉注）、「此篇摹寫道妙，只是一無。」（〈知北遊〉前言）、「道妙本無爲無謂也」（〈知北遊〉注）、「大道之無爲明矣」（〈徐無鬼〉注）。道雖是妙、雖是無，但是它絕不等同於禪家無處不是佛、五蘊皆空，寂滅放廢之「無」。宣穎確立了道體的本質是無，道具有存在性、窅渺性、卻又非眞空，所以下面他進一步以中庸之道，與莊子之道互爲表裡，作爲莊子之道積極開展的另一面。

（二）道便是中庸

宣穎以莊子與中庸相表裡，「寫道只是一無，若莊語之，便是中庸」（〈知北遊〉注）

故詮釋中庸之道是一切之根源，且此中庸之道乃君子所重視的，所謂：「君子不貴絕藝，而貴中庸之道」「至虛之處，乃中也」（〈養生主〉注）又云：「天下妙用，中在空處，處此亦可知，無用之用也。」（〈外物〉注），因此宣穎以爲莊子所悟之道與中庸之道相當，但中庸之道「費而隱」，宣穎於是將《中庸》的道體是「無」的寓意，加以引用而申論之。《中庸》之道「無」，見於《中庸》第三十三章末節云：

> 詩云：「予懷明德，不大聲以色。」子曰：「聲色之於以化民，末也。」詩曰：「德輶如毛。」毛猶有倫。「上天之載，無聲無臭。」至矣！

宣穎則援用其義而解爲：

> 道在虛無，塵見未超，無怪有物相隔也，不過崑崙，則不遊太虛，妙語創獲。寫道只是一「無」，若莊語之，便是中庸末後一節文字，細細讀之，自解人頤。
>
> （〈知北遊〉注）

另外《中庸》第十二章亦言道體乃以「無」爲本。

君子之道，費而隱。夫婦之愚，可以與知焉；及其至也，雖聖人亦有所不知焉。夫婦之不肖，可以能行焉；及其至也，雖聖人亦有所不能焉。天地之大也，人猶有所憾。故君子語大，天下莫能載焉；語小，天下莫能破焉。詩云：「鳶飛戾天，魚躍于淵。」言其上下察也。君子之道，造端乎夫婦，及其至也，察乎天地。

宣穎以道體的「無」與中庸的無聲無臭、費而隱相同，他說：

形容得滿眼都有一箇主宰在內，分明是「中庸費而隱」五字，又酷似其「鳶飛魚躍」之三句，便見得人主無一處可以自用也。（〈天運〉注）

又如宣穎在解〈天地〉：「泰初有無，無有無名」時，即以《中庸》：「天命之謂性」云之：

從造化之始，層層數下來，精微融徹，如玻璃中映絲映髮，中庸言天命之謂性，此自泰初說到命，有許多層數，自命說到性，又有許多層數，便是一句書之，分肌擘理，極細注疏也。性修二句，從工夫上又復轉到泰初，則造化之根在我，所謂一也，無名也，無無也，何處著得一毫來雜揉。（〈天地〉注）

宣穎將莊子體悟「道」的本體，與中庸的「天命」、「費而隱」的「無」，連結而成相同之道體，彼此互爲表裡。於是，道家以「無」爲本體，宣穎再以《中庸》強化之，最後莊子與中庸爲表裡的系統，完整而如實的呈現出來，這是宣穎獨具隻眼的見解。

二、心學之內容

既然道體只是一無，於是如何由「心」來掌握此既無又有的中庸之道，便成爲由人而合天，由人而至道的重要過程。因此宣穎提出心學，作爲了悟道體的內容。宣穎將莊子之〈逍遙遊〉與孔顏心學並駕其驅。云：「孔子之絕四也，顏子之樂也，孟子之浩然也，莊子之逍遙遊也，皆心學也。」（〈逍遙遊〉注、前言）又以「至人無己」爲〈逍遙遊〉全篇之主意，於是乎逍遙之境與無己之義，予以全新的詮釋，使逍遙無己成爲修道的重要的內容。

(一)明道在逍遙

宣穎以爲莊子乃明道之書，明道的第一義就是逍遙，「逍遙」在宣穎看來，是天下人汲汲鑽研，而唯一無法體證的境界，「是有道人第一境界，即學道人之第一工夫也」，他將「逍遙遊」三字分而言之，詮釋爲：第一境界是「一念不留，無入而不自得」，第一工夫是「一塵不染，無時而不自全」，合而言之即「至人無己」；宣穎並以爲若能「至逍遙遊而累去矣，至於累空而道見矣！」，其實世人之病，就在於對於慾望永無止境的索求，才會有嗜欲之累，等而上之的人，也仍然會有「名」與「功」二者之累，而最難以去除之累，沒有比「有己」，也就是「我執」更難去除的。所以宣穎認爲：要識得道體，第一個步驟即是要明白逍遙之義。故於〈逍遙遊〉前言云：

> 莊子明道之書，若開卷不以第一義示人，則爲於道有所隱。第一義者，是有道人之第一境界，即學道人之第一工夫也。內篇以逍遙遊標首，乃莊子心手注措，急欲與天下撥霧覩青，斷不肯又落第二見者也。何也？天下人汩沒於嗜慾之場，何事不鑽，研究竟過，其所不能到者，只是逍遙遊；其所不肯爲者，亦只是逍遙遊。不知「逍遙遊」

三字，一念不留，無入而不自得，是第一境界也。一塵不染，無時而不自全，是第一工夫也，蓋至逍遙遊而累去矣，至於累空而道見矣！然且世人非惟不能到，亦不肯爲者，其病根斷可知矣，何也？從來嗜慾之累，識者遣而去之，亦不爲難。若夫等而上之，則有爲名，又等而上之，則有爲功，二者之累，較難去焉，雖然，崇實則逃名，貴德則賤功，遣而去之，猶不爲難，若夫累之最難遣者，惟有己焉。夫嗜慾功名盡去，而知能意。見之，尚存彼此，區畛之，猶隔陰陽，慘舒之，弗同於天地，皆己之未化者之爲累也。而於道能脗合乎哉？

宣穎以「至人無己、神人無功、聖人無名」此三句爲〈逍遙遊〉一篇之主意，而三句的重點，則全在「至人無己」一句，〈逍遙遊〉全篇的主意也只在「至人無己」，他以爲世人爭功、爭名、爭勝，皆來自於未能忘「我」，太過於執著，因此唯有「無己」才能「去累」，才是眞正的逍遙，他說：

今以天地之大而生我，以我而遊處於天地之人之間，而且其蕃變而消息者，無一不偉於我，亦惡往而不得乎哉。乃無端而據爲我，無端據爲我，久之而忘所爲據，而竟無往之非我，是故進而與天爭功者我也，即退而與天下讓功者亦我也；進而與天下爭名者我也，即退而與天下讓名者亦我也。再名而凡一事之畔援，一念之欣羨者，無非我也。即僑而人之畔援者，弗畔援之，人之欣羨者，弗欣羨之者，亦無非我也，總之我見未忘也。（〈逍遙遊〉注）

至於神人無功、聖人無名只是體道之一層層過程，其最終旨意還是在於「至人無己」之逍遙境界，他說：「何以知之，看他上面，宋榮子譽不勸，非不沮，是無名；列子於致福未數數然，是無功；乘天地，御六氣四句是無己，一節進似一節，故知至人句是主也」（〈逍遙遊〉注），故看來「無己」不單單只是境界也是工夫，宣穎云：

> 故逍遙遊凡一篇文字，只是「至人無己」一句言語，「至人無己」一句，是有道人第一境界也。詰惠子曰：何不樹之無何有之鄉，廣莫之野，彷徨乎無爲其側，逍遙乎寢臥其下，是學道人第一工夫也。（〈逍遙遊〉前言）

要做到「無己」，宣穎以爲首先要體會精神層次的逍遙，他在「若夫乘天地之正，而御六氣之辯，以遊無窮者，彼且惡乎待哉！」下面注解云：「此節至矣，外不見物，內不見心，身與元化俱，神與造物遊，嗚呼至矣！」宣穎所謂的無己，首先要將心靈超越身體，以至於體會「道」之無窮，才能到達「藐姑射之山有神人焉」的境界，宣穎以爲藐姑射之「山」是比喻爲「身」，而「神人」指的就是身中之神，即精神之主宰，只有神人才能體純抱素，專氣致柔，而納天地之氣，可與造物者遊，是養神的致極，是精神生命的修養達到了極點，而無所不至。宣穎將莊子書中，討論的精神超越的修養，由無己爲開端，最後爲能贊天地之化育，顯示出由內而外的積極性，是以無己爲工夫，以無爲而至大用爲目的，故宣穎云：

「無己」二字，之爲秘密法藏，聖神化境。莊子或亦自負知之，而不敢遂謂至之，是以津津於至人也夫！（〈逍遙遊〉注）

因而，宣穎以爲古今雖有冠世之才，冠古之學的人，其實都算是用小而已，世人所謂的有用之用，只是形而下之器罷了！眞正能做到「至人無己」，這才是逍遙。故云：

試想古今雖蓋世才能，冠古學問，撐天制作，都只算做用小，何也？以其爲有用之用也，有用之用，便是形下之器耳，性分中之緒餘耳，但在這上面著腳，未有不勞心焦思，擾攘一世者，莊子視之不堪困苦，若至人然乎哉！至人無己，一切才能學問制作，到此都冰融雪釋，人視其塊然無用，與大瓠大樹相去幾何？卻不知其參乾坤籥萬物，方寸之際，浩浩落落，莫可涯涘，如是而乃爲逍遙遊也。不知學道之人，便要學至人之事，莊子點化惠子，收尾處數句，純是說心學上事，卻特意點破逍遙二字，其教後來學人深矣！（〈逍遙遊〉注）

宣穎提出「至人無己」是以無己做爲達到至人之境的秘密法藏，在宣穎看來，逍遙的境界與無己的工夫是一體的兩面，合起來是心學的內容。惟有識得道之逍遙境界，才會去除自我的框架，朝向大用的目標邁進，才能眞正將道體切實的表現出來，而不是在芸芸衆生中，爲名、爲利、爲功、爲己，始終跳不出自我設限的範疇。

（二）無己與心學

人人因有「我見」，故而紛擾煩變，不得逍遙。爲了去除我見，則「無己」之工夫是十分重要的。宣穎認爲：莊子之逍遙篇旨在於「至人無己」，並非放蕩無稽之言，除了「無己」之外，識得逍遙之方法，宣穎以為是孔子之絕四、顏子之至樂、孟子之浩然，此為識道之心學。他說：

「克己」二字，孔子嘗言之，彼先儒解喫力了，讀莊子無己，便以為放蕩無稽，殊不思，孔子對學者說箇「克己」，莊子就至人說箇「無己」，未為少謬也，倘不欲「無己」，又何為而「克己」也哉？莊子作文為千古學人解粘釋縛，豈宋儒能測其涯涘耶！故竊謂孔子之絕四也，顏子之樂也，孟子之浩然也，莊子之逍遙遊也，皆心學也。

首先宣穎以「無己」與孔子所說的「克己」，雖所云之對象：一為學者，一為至人，對象雖不同，但實質卻有相似之處，故云：「倘不欲無己，又何為而克己也哉？」（〈逍遙遊〉前言），將莊子與孔子繫連起來，宣穎認為「無己」為「克己」後達到之階段，「無己」的修養，並非什麼事也不作而是經由「克己」的作為，才能知曉明道之第一義，逍遙之境。所以「無己」並非宋儒所謂：莊子之學放蕩無稽，宣穎直見莊子「無己」與孔子「克己」之間的聯繫，以克己之目的在於無己，並將孔子四絕：「毋意、毋必、毋固、毋我。」（《論語・子罕》）做為孔子「克己」後的最高境界。

其次，宣穎將顏子之樂，亦與逍遙無己同列為心學。顏子之樂，除了安貧樂道外，他更進一步以「顏氏之子坐忘也，此可以言逍遙遊也。」（〈逍遙遊〉注）合併於「心學」的系統，他的詮釋如下：

簞瓢陋巷之子，不改其樂，以爲樂簞瓢陋巷是樂貧也。樂貧是見有我之處，貧也，非樂也；以爲非樂簞瓢陋巷而樂道也。樂道是見有我之處，道也，亦非樂也。然則其樂不容言也，不容言而已始化矣！故曰：顏氏之子，坐忘也，此可以言逍遙遊也。

《論語》書中的顏子是：「子曰：回也，其心三月不違仁，其餘，則日月至焉而已矣！」「子曰：賢哉回也！一簞食，一瓢飲，在陋巷，人不堪其憂，回也不改其樂。賢哉回也！」（《論語．雍也》）而《莊子》書中之顏子是：「回曰：敢問心齋？仲尼曰：若一志，無聽之以耳，而聽之以心，無聽之以心，而聽之以氣。聽止於耳，心止於符。氣也者，虛而待物者也，惟道集虛。虛者，心齋也。」（〈人間世〉），以及「墮肢體，黜聰明，離形去知，同於大通，此謂坐忘」（〈大宗師〉）。宣穎將兩書中之顏子，加以結合，認爲顏子的心齋坐忘，才是眞正至人無己的表現，才是顏子之樂的眞正意涵。

宣穎將「心齋」以逍遙遊「無己」妙義解之，並強調「虛」的工夫是：「將虛字點破心齋，五蘊皆空」，但是「虛」並不只是虛空之義，更有「虛室生白」之「虛」義（〈人間世〉），不單指虛靜之境，更有以虛生萬物的動力與能量。所以宣穎的注解是「有空竅則室生白光，全是心地上語」，因而「虛」能造就一切，故聽之以「心」，即是萬事萬物由心所造，所以他說「非無用心」，即是以虛靜的工夫，無所不用其心的方法，和無己無爲之心成就「心齋」，終將「無己」的意義，發揮極至，終至「墮聽黜明，逍遙無境，處人又復何尤，此虛字澈底處也。」（〈人間世〉注）。

宣穎又指出因顏子之「坐忘」，是眞正之逍遙遊之義。「坐忘」乃完全忘己而無己，顏淵簞瓢陋巷而不改其樂，此樂非樂其「簞瓢陋巷」之「貧」，甚至亦非「樂我有此道」之「樂」，因爲這二種「樂」均有我見之嫌，宣穎之看法是：此樂乃是「不容言之」之樂，譬若將自己比成河上之虛舟，舟既虛，則徜徉於河中，不管溯游而上也好，順流而下也好，風平浪靜也好，驚濤裂岸也好，無入而自得，無時而不逍遙。宣穎以「虛舟」比喻無我見而逍遙，確能掌握到莊子無爲逍遙工夫與境界之意。故云：

> 解「坐忘」處，讀上三句，是一切淨盡，人易知之。讀第四句，同於大通，非見到者不能知之也。試思坐忘何以能大通？大通何故是坐忘？這全不是寂滅邊事也！仲尼贊顏子云：同則無好也，化則無常也。「無」一字是顏子口中語。妙妙！「同」字「化」字，乃所云大通云。同是橫說大通，化是豎說大通，此聖賢心地密印處也。

讀此可見孔顏心學，可見莊子傾服聖門。（〈大宗師〉注）

最後宣穎並舉孟子之浩然，以為與莊子之逍遙同列為心學。孟子之浩然見《孟子・公孫丑上》：「我知言，我善養吾浩然之氣。」「敢問何謂浩然之氣？」曰：「難言也。其為氣也，至大至剛，以直養而無害，則塞於天地之間，其為氣也，配義與道；無是，餒也。是集義所生者，非義襲而取之也；行有不慊於心，則餒矣！」宣穎認為孟子浩然正氣，乃和之以義與道，去除我執，藉由不斷培養鍛鍊，存養其心，才能圓滿自足，達到大人者不失其赤子之心，一旦稍不圓融，即無法達到逍遙之境。

宣穎以為道體雖不可受不可見，卻能從「心學」中把握莊子追求逍遙之境，他以心為道之所載，性為道之所託，可載道，亦可害道。故應無心無為，順道而行；如孔子之絕四、顏子之樂，無不由心得之；而孟子之浩然，即由心養之。故云：

載道者心也，害道者亦心也，夫心既載道，但當聽順乎道而已，譬如舟子載人，但當聽順乎人而已，今卻舟子弄權，姿己妄行，不由人作主張，豈不誤煞此人耶！故必屏卻舟子，不復吐氣，然後人載於舟，舟載乎人，洸洋所之，中流自在也。知此，則知

「殺生者不死，生生者不生」之爲說矣！二句是特把金針示普天下學道人。（〈大宗師〉注）

人之本性，道之所託也，惟無心無爲，斯能保焉。極言五者，爲天性之桎梏，蓋世態萬端，無非由此五者滋蔓故也。（〈天地〉注）

「心」雖如此無跡無形，但宣穎以爲「不從世相中透鍊出來，不是第一種學問」（〈大宗師〉注），故曰「心則天」（〈田子方〉注）又曰「渾沌者，天心也」（〈應帝王〉注），以爲「莊子作應帝王，亦願人君常爲天下留其渾而已矣！」故〈人間世〉中注「仲尼曰：天下有大戒二，其一命也，其一義也，子之愛親，命也，不可解於心；臣之事君，義也，無適而非君也，無所逃於天地之間，是之謂大戒。」云：「乍讀兩大戒，謂是以忠孝竦動諸梁，及讀至下，乃知是兩箇影子，以君親影心，以子臣影身耳」（〈人間世〉），人身惟以心爲主，修身養心當如臣之事親，子之愛親般存養，此爲以心則天之意。

由宣穎對「心」的領悟，乃由本體，爲天，爲道，爲天地位，萬物育，是無己而逍遙的重要方法，心可存養，可載道。心法是如此重要，因此宣穎用「歸元無二路，方便有多門」

（《楞嚴經》）的方式，並列莊子之逍遙與孔顏心學，讓人明瞭條條大路通羅馬，莊子之逍遙實含有無己之義，可與聖門之義，一以貫之，故將孔子之絕四，顏子之樂，孟子之浩然，莊子之逍遙遊，並列爲心學，成爲逍遙之道的重要內容。

三、修道之工夫

人身之主是心，心即是本體，人多半「習於末學，昧於本體」（〈田子方〉注），常忽略人人本具之心，是「心佛衆生，三無差別」（〈齊物論〉注），故宣穎以莊子之學乃孔顏心學，這個載「道」之「心」，是一個人的生之主，即「眞宰」、「眞君」。要修得此道，則必須具有：「養己之方，莫要於還其赤子」（〈庚桑楚〉注）的工夫，即恢復到天生之本心，或稱之「神」之境。宣穎在此是主張，衆生皆有其主宰之心，若能得其養，如同「孟子操之則存，舍之則亡，出入無時，莫知其鄉」（〈在宥〉注），則雖萬物道理活潑無跡「雖有師可傳，而不能必弟子之可受，雖可以心得，而無跡之可見。」（〈大宗師〉注）因此修道的工夫是很重要的。

心可載道，亦可復性，即所謂「孟子亦曰：大人者，不失其赤子之心者也。」「心得其養，則無爲而物自化」（〈在宥〉注），如此操持存養，還復本性，不斷的提撕努力後，自然「造化本無停，聖人心便須相肖也，唯聖人，心即化，化即心」（〈田子方〉注）最終明其本體，成爲聖人，得其天道。所以宣穎以爲養己之方在於還原其赤子之心。存養其心有二途徑，一爲用中庸的「見獨」、「存誠」養之；一爲以「養神」、「用志」養之。

（一）見獨與存誠

「慎獨」與「存誠」皆是在心上作功夫，能作此種工夫，則可與道合，而達到聖人之境，此乃宣穎以爲莊子之「道」乃儒家之「道」的原因。宣穎並以《中庸》中最重要的修養工夫，即以「慎獨」解莊。《中庸》第一章云：「天命之謂性，率性之謂道，脩道之謂教。道也者，不可須臾離也，可離非道也。是故君子戒慎乎其所不睹，恐懼乎其所不聞，莫見乎隱，莫顯乎微，故君子慎其獨也。」宣穎相關之闡述見其注〈大宗師〉云：

見獨者，夫道一而已矣，能見及此，又何古今之別，生死之異哉！此乃爲親見大宗師也。

宣穎以爲「見獨」乃「道一」也，能入於不死不生之境界，則道已在我矣。人唯有時時以見獨的工夫戒慎之，才能不離於「道」。宣穎於〈庚桑楚〉：「學者，學其所不能學也；行者，行其所不能行也；辯者，辯其所不能辯也。知止乎其所不能知，至矣；若有不即是者，天鈞敗之。備物以將形，藏不虞以生心，敬中以達彼，若是而萬惡至者，皆天也，而非人也。不足以滑成，不可內於靈臺。靈臺者有持，而不知其所持，而不可持者也。不見其誠己而發，每發而不當，業入而不捨，每更為失，為不善乎，顯明之中者，人得而誅之，為不善乎幽閒之中者，鬼得而誅之，明乎人，明乎鬼者，然後能獨行。」此段下云：「細讀此段，純是君子慎獨之功！」（〈庚桑楚〉注）。

故君子於隱微之間，無所不戒慎，乃能與道合一。惟有以慎獨的工夫，收斂自己返天命之性，才能完成人心之中之天道。宣穎又云：「物得此未形之一以生，則性中各有一太極，故謂之德。」（〈天地〉注），以此心性得其養，則天地萬物各自生化，各得其天命之性，故君子豈可不慎獨乎？宣穎又云：

> 約分之至妙，分乃所性分定的分字，約即朱子所云，自戒懼而約之的約字，約分之至，則斂吾性分於太虛之表，與無聲無臭同體，更無倫類可以舉似，尚何小大之端之有。（〈秋水〉注）

人人愼獨而守分，順其原有合於天道之性，則無須攖人心而治天下，則天自治而致中和，天地位焉，萬物育焉，使喜怒哀樂發而能中節，此是宣穎所闡釋之「見獨」之義。

再者，《中庸》另一重要的功夫爲「誠」，《中庸》二十章云：「誠者，天之道，誠之者，人之道也。」又《中庸》二十一章云：「自誠明，謂之性；自明誠，謂之教。誠則明矣，明則誠矣。」《中庸》以誠統貫內外，除了指上天賦予人內的本性外，亦可指一種工夫的修養努力，由誠的不斷努力，由內而外，化成天下，契合天道。《中庸》二十二章云：「唯天下至誠，爲能盡其性；能盡其性，則能盡人之性；能盡人之性，則能盡物之性；能盡物之性，則可以贊天地之化育；可以贊天地之化育，則可以與天地參矣。」因此《中庸》的「誠」是可以合內外之道的。故《中庸》二十五章云：

> 誠者，自成也；而道，自道也。誠者，物之終始；不誠，無物。是故，君子誠之爲貴。誠者，非自成己而已也，所以成物也。成己，仁也；成物，知也；性之德也，合外內之道，故時措之宜也。

宣穎認爲由誠而可盡己、盡人、盡物之性，而化成天下，將天命完全展現，並可由內聖而達外王，至贊於天地之化育，與天地參而上達於天。而且至誠是無息的，「誠」是一種不斷的、永無止盡的努力修養工夫，一旦停下來就不是誠之道，宣穎於天道「聖道運而無所積」則云「至誠無息」（〈天道〉注）。至誠即至眞，因宣穎以爲莊子的「眞」就是「誠」，其云：

> 人皆取其糟粕，遺其精華，徇其跡相，亡其神理。道何自明於天下乎？夫道之妙，不可以名言，不可以指測，惟悟眞者得之。「眞」字，便是孔門「誠」字，「誠」者一也，如神也，物之終始也，無息也，無倚也，無聲無臭也。（〈田子方〉前言）

由誠之工夫而上達天道，而能成己成物，化成天下，此宣穎以爲莊子同於儒者，故言「可惜學者先不識誠字，無怪其以南華爲彼家言矣」（〈田子方〉注）宣穎順其「誠」而解莊子的「眞」，「存誠」則可應天而使天下大和，其云：「欲愛民而爲義偃兵，是有心成美也，有心成美，必致多事而事勝，無鬼止勸他勿動心兵，存誠順應，舉世大和，惡用偃兵哉，眞天德王道之言也。」（〈徐無鬼〉注），以其誠則可合天道，則化育天下而至大和，而且此「誠」的內容乃非有心爲之，而是以勿動心兵，順應大和爲主。「愼獨」與「存誠」既皆是在心上作功夫，能作此種工夫，則可與道合，而達到聖人之境，此乃宣穎以爲莊子之「道」乃儒家之「道」的原因。

(二) 養神與用志

心之存養不僅用「見獨」、「存誠」之工夫而已，更要藉助「養神」與「用志」，經由神與形相對，超越了生死的限制，乃「形委神存，薪盡而火傳」。火之傳有盡，而神之存無涯，世人多不知其養，或有養形者，則與生同盡，與形同化。宣穎云：

從來無不朽之官骸，而有不朽之神理，官骸之必朽者，既有形矣，則必有毀，此數之所制者然也。神理之不朽者，本無質焉，斯無得而毀，此數之所不得而制者也。自有以至於今，從來未有不腐之人，仙家亦言尸解，則形之不足存明矣，若神明之昭垂，聖哲雖往，其靈鑒猶如一日焉。所謂薪盡火傳是也。蓋神者，人人具足，不知養之生而昏，死而散，知養之則生而湛然自得，死而與化爲爲體，此莊子惓惓欲養生者之必養神也。（〈達生〉注）

故養生絕非單指養形而言，宣穎並斥駁，一般導養家以爲養生是重視形體之養，其云：

「導養家時刻保守，自謂養於不朽之宅，卻不知造化推移，明抽暗換；未幾之間，頭童齒豁，老矣！死矣！」（〈大宗師〉注），故養生之主非指養形，然此人人具有之「主」如何得養，宣穎以為〈養生主〉一篇之妙義，在「緣督」二字，宣穎說：

> 夫中央為督，督豈有一定之處乎哉？又豈有件物事可指之為督乎哉！凡兩物相際之，謂之中，無此中則此與彼無相麗之用，然而稍移一分，則為此物矣。稍移一分，則又第為他物矣。然則中固無有物也，遊於無有物而傷之者誰哉！（〈養生主〉注）

此無有物之處乃至虛之處，即中也。宣穎以中言督，只有緣中道而行，方以為常。而此中道以虛為其特性，行於虛中，如遊刃餘地，神自得其養。故「天即自然之中道也，環中之妙，全在無心，若一有心，名為師天，則不得師天，究歸於逐物矣！」（〈則陽〉注）由此可見，宣穎雖以「中」來詮釋莊子之緣督以為經的「督」，但其內容是至虛的，其又云：

> 無心自然，神之所以全也，若夫心動則神疲矣。（〈達生〉注）

故無心自然，乃是「養神」之要方，心不被外界所攖，則能神全遊行虛際，物莫能傷，此爲眞正的養生，是精神之養，而非形體之養，宣穎此解乃相應莊子的本意。故云：

善養者知之，惟用之而不用也，不用之而用也，神明日試，而無物相攖，則與造物者遊矣，古今之常新者，無如日月，惟遊於至虛，故物莫之傷。（〈養生主〉注、前言）

宣穎以日月遊於至虛來比喻善養生者，外於養神還虛，則不朽之道於焉完成。道愈精進，則形跡愈忘，宣穎認爲養生並非形體之養，一般世人多趨其下者，以衛生之經，只在形體之知，他卻是以「用志不分，乃凝於神」（〈達生〉）的「用志」做爲入手工夫，神是以氣爲載，以志爲使，一個學道之人當精詣於守神用志。宣穎云：

神以氣爲載，以志爲使，引止段言守神，引此段言用志，皆學道人精詣也。用志不分，乃凝於神，凝字妙，蓋用志不分也，止是有神之入路，苟至於神，則志字俱用不著矣！上段言純氣純字，已是精神，然也是入手工夫，若到神化地位，便連氣字也用不著。（〈達生〉注）

宣穎解「養神」，不以玄虛言之，而以神行虛中，用志而進入道之境界，再出乎道而進乎技，由道入技。在此他提示出一明確的工夫進程，是由保其心之妙明，立其神之眞宰，明其凝神用志，入其道之眞境。他說：

自外天下至外生，有功夫次第，自朝徹至無古今，無功夫次第，蓋學至外生，已了悟矣！至入於不死不生，則道成矣！（〈大宗師〉注）

宣穎能肯定人的眞性存養於形神中，所以「養神之極，天地位，萬物育。」（〈逍遙遊〉注），透過養神、用志的工夫自可印證生命中原本光明自在的眞宰，而與道合一。故宣穎〈養生主〉前言云：「夫塊然而生者，形也。形，無能爲也；淵然而寄者，神也。神亦無以爲也。」說明世人紛紛追逐「知」，不知「知」之害己，使形神兩敝，應是形神兩全，凝神而用志，達到一切無爲卻萬物自化之境界。

四、修道之目的

宣穎以「心得其養，則無爲而物自化」（〈在宥〉注），此「物」不單僅就萬事萬物，亦包括人的自處與處人，推而及於內聖而外王，於是仁義禮制，在無心而自然之下，順流而下，於焉完成，自然而道成，莊子一書即與六經等身，皆明道之書。

（一）變化治人

道體即是無，「無」在宣穎看來：「無字是莊子金針」（〈在宥〉注）「無」，「乃物皆無妄，無所用知也，心養之功，不留已知也。無爲而物自化，不啓物知也」（〈在宥〉注）；而「無己」又是明道的工夫，進而一切物事皆能把握「自然無爲」的特性。即所謂：「至於離形忘物，去知忘心，冥然無所係心，則道果何哉？與我兼忘而已矣！」如此循序漸進之後，處於人事之間，自然能順應萬物，把握到變化治人的方法。故云：

應帝王之道在虛己無爲也。（〈應帝王〉注）

遊心於淡，合氣於漠，是宥密修己之道，順物自然，無容私焉，是變化治人之道，帝王之事盡矣！（〈大宗師〉注）

宣穎以此內外俱忘，與物爲春之心態，對萬事萬物無一不適，一再消融，無之又無，而後的「自然無爲」，解釋爲「無」之最高境界。又云：

極寫道之用至費，體至隱，無非自然。（〈知北遊〉注）

無將迎，則遊於自然矣。其要止在不逐物以勞心，蓋道不無際，以有心與之，則失也。（〈知北遊〉注）

中央之帝爲渾沌者，守中則自然之道全也，七月而渾沌死，莊子於此，不勝不悲。（〈應帝王〉注）

諸侯一謚，何與大事，猶且天先定之。天下何事，更須人爲乎！故有道者，一任自然也。（〈則陽〉注）

宣穎詮釋莊子之「無爲而自然」，並非以自然生自然化觀之，而著重把握靈覺本性，順應自然而爲，才能去執著，無勉強，無一絲掛礙，神得以全之，不致於心動而神疲，並推而及聖人因任天下之自然，則可變化治人，才是「自然無爲」之道。云：

今也營營無已，不至於神索不止，則力竭而敗者，豈獨在馬也哉！顏闔論馬，固耗神之金鏡歟！　（〈達生〉注）

凡物皆各得於天以自成，故聖人於天下，因其自然，而不以我與焉。今或不知物之莫外乎天，而為師則以成材為功，為君則以化物為功，甚且至於爭忿自賊者，不可以屈指計也，曰今世皆緩，非虛語也。　（〈列御寇〉注）

既然「自然無為」是如此的重要，如何做到呢？在宣穎看來，首先應把握住：「無」的智慧。若能運用「無」的智慧於人世間中，才能在處人與自處中，相聚相構不致相殘，故云：

夫今之世，猶古之世，今之人，猶古之人也，天生今之億萬人，無異於太古初生之一人也，即機智放紛，而其所為初者，未嘗不在也，我周旋於億萬人間，如處獨焉，如蹈虛焉，御至紛如至少，視多事為無事，未嘗有我，未嘗有人，以其太古，遇其太古，亦未有不遊刃有餘者也。雖駢闐逼仄而已，翱翔於寥矣！既是在人間，要攖寧而人我和樂，就須推究於：無心無為，然後得之。一毫機巧，俱用不得。　（〈天地〉注）

最後人若能得此「無」的智慧，則處人與自處，自能虛己而無所爭，理事圓融無礙，人與人同世而處，則往往相攖而無傷於己，盡得攖寧之境。宣穎云：

> 人間世不過有二端：處人與自處是己。處人之道，在不見有人，不見有人，則無之而不可。……自處之道，在不見有己，不見有己，則以無用而藏身。凡處人而攖患者，又只因自處未能冥然。蓋與人生競病根，在用己之見未消也，所以前說處人，後說自處，是一套事。

人人若能自處無用，則我與人無爭，人與我則無所爭，墮黜聰明，逍遙無己，則無爲一切有爲之跡，以此方式處世則免於禍患，任其道德。又云：「處世免患之道，其意在任道德，而說道德處純是一片清虛。」（〈山木〉前言）此義即是宣穎所云：「看透第一篇『無己』二字，一部莊子盡矣！」（〈人間世〉注），認得「無己」則如陸龜山㉓所言：「逍遙

㉓「陸龜山」之言，藝文印書館半畝園刊本，及宏業書局會文堂刊本皆書「陸龜山」，經查證：陳治安《南華本義》附錄卷六二〇頁應爲「楊龜山」爲是。楊龜山即是楊時，字中立號龜山（西元一〇五三－一一三五年）爲宋儒程顥、程頤之門人，著有《楊龜山集》。此處《南華經解》的記載是錯誤的。

二篇，子思所謂無入而不自得，養生主一篇，孟子所謂行其所無事。」（〈養生主〉注）由無入而自得，行其所無事，則天下一切物事，則得其虛己之道，則明其「建德之國，大莫之國，皆道德之鄉也，其要訣止在虛己，即虛己則日遊於彼國彼鄉矣。」（〈山木〉注）宣穎以無爲虛己，以與己處，以與人處則了無掛礙，與之俱化，既能超然萬物之上，又能入於變化治人之境。

宣穎體會到人生不啻如浮雲過空，電光一閃，處世第一義則應明白「以天屬者，形跡盡融，而眞忤相感；其與人本非強合，豈得易離」人人若能體其天心，去其功名兩端，則入聖成帝乃自然而成，故季咸、壺子這段文字下，宣穎將自然無爲，以致於成聖成帝，認爲皆是自然而然的。云：

以上六節，引季咸壺子事，不過要明帝王當虛己無爲，立於不測。不可使天下得相其端，開機智耳。壺子便是帝王，垂共榜樣，季咸但是百姓，具膽榜樣；其取意微渺無論，粗心對之，乃不曉所謂也。此段又直言應帝王之道在虛己無爲也。

（〈應帝王〉注）

此種虛己無爲，乃從虛處落靜，從靜處落無爲，所謂「虛者靜之原也」（〈天道〉注），

「虛靜無爲，胸中自然之樂，非有爲者人事之樂可比。」（〈天道〉注）這種由虛無，以至於處己、處人之道，最後到帝王治世，皆得其無爲而自然，一切渾然天成之精義，將莊子積極開展的眞義，揭示出來，明其本末次第，定乎一心，才是明乎虛靜無爲的意義。故云：

後面既說無爲，卻又非掃卻有爲，但無爲者處上之道，有爲者任下之道，上所自處者本也，下所分任者末也，迤邐說去，只要明得本末二字，除卻虛靜無爲凡一切有爲之跡。都是末學。本所當先，末所當後，蓋末非要有一物，可與本相對，是從基本上，一層一層落下去的，愈到下面愈落得粗了，道之次序如此。雖曰古人不廢，奈何爲帝王聖人者，可舍所先而遂其後哉！其明劃的確有如此者。（〈天道〉前言）

綜上所述，宣穎以「無」爲金針，說到人間一切物事，以無己處人，以無爲治世，以無心而自然以應萬物，明白何者爲本，何者爲末，知所先後，則近道矣！故其道體具有「無爲而物自化」的積極實踐意義。

（二）內聖外王

宣穎對道體的意義，不僅包含了本體的無，還有道體的實踐。他認爲莊子胸中有體用透徹之學，解釋爲：「內聖即『神』，外王即『明』也。」（〈天下〉注），所謂「內聖外王」之道，是「自伏羲以至孔子又何加焉，莊子之談道至矣！」（〈天下〉），此大道之學，是精粗一貫，本末相賅的，故由內至外，內神而外明。在莊子書中，「內聖」指的是：至人、神人、眞人、聖人等；「外王」指的是具有內聖之聖人，已有因物自然之明，才可以爲世間之帝王。

(1)內聖——至人、神人、聖人、眞人

宣穎以「至人無己」是以無爲守中，能夠靜攬萬物，化解萬物，以達天地之合，是眞正具有守氣之工夫，神全之效驗者。故〈齊物論〉：「至人神矣，大澤焚而不能熱，河漢冱而不能寒，疾雷破山風振海而不能驚，若然者，乘雲氣，騎日月，而遊乎四海之外，死生無變於已，而況利害之端乎。」這一段，宣穎則解爲：「神遊於至虛，雖生命大事，無毫髮足以相攖，何況利害。」（〈齊物論〉注）所以「至人無己」是「去累」，是「忘己」，是「無」，爲秘密法藏，使神全而無毫髮之傷，入聖神化境，亦是莊子深深企盼，不能遂至的逍遙之境。

至於「神人無功」，宣穎解〈逍遙遊〉：「遊乎四海之外，其神凝，使物不疵癘而年穀熟」此段時，即認為神人乃是「德修於心，而功被於世」，神人「與造物遊」是「養神之極」，其最終目的是達到「天地位，萬物育」的境地，此功業是由「至人無己」推進而成的。其意義是說：先達到神全而無傷的至人之境，再進一步對世人有功，卻無傷於己，無傷於人，化育萬物，無傷萬物，是無壓力的功勳，自然而然的成就。

對於「聖人無名」，宣穎於〈刻意〉中以為天下人可分為山谷之士、平世之士、尊王疆國之人，避世之人、養形之士等五樣人，將此五樣人排列後遞入聖人，於是這五種人就不足以道之，宣穎云：「五樣人略盡世間流品，其先後則莊子蓋以己意次第之，由淺而深也。抬出聖人，令天下諸色人心死。」即說明聖人的地位是超越一般人的，能看破養形、避世、求名、求功，這種種的偏執。所以，聖人是超乎名利、物我，是具有出世之德的人。

聖人虛己無為，宣穎以莊子云：「故曰：夫恬澹寂寞，虛無無為，此天地之平，而道德之質也」解為：「八箇字是聖人一生功用，此節一提，下面四節都寫此八箇字。」（〈刻意〉注），聖人固然傑出，但在宣穎看來，聖人的虛己，是本質的恬淡，是生命的虛寂，是有出世之質，卻仍為入世之人，而以眞人作為比聖人更高的境界，故歸結說：「說聖人而結以眞人，正是親切醒世語。」

宣穎將聖人以眞人歸結之，足見除了「至人無己」為第一工夫外，「眞人」是宣穎認為能體天道的最高境界。宣穎推崇「眞人」認爲是「過得生死關去，方是眞人；看得生死關破，方是眞知。」「特點天與人不相勝也，可見天人一致，這纔是眞知」（〈大宗師〉注）一般世俗之知，將天與人二分，眞人之眞知是謂天人一也，是天與人不相勝，以所知養所不知，是達到天人一致的最高境界。

宣穎分析眞人境界是由「登高不慄，入水不濡，入火不熱，是知之能登假於道也」至「其寢不夢，其覺無憂，其食不甘，其息深深」至「不以心捐道，不以人助天」最終至「天與人不相勝」四番境界，如此洗發詳盡，才能「言其利害不攖，死生可知，此其見識，乃如升高至遠，於道無所不明，豈世之所爲知哉！」（〈大宗師〉注）因此，在宣穎解莊的系統中，眞人才是到達至道之人，是天人、是莫若以明的最高境界。其智慧是超乎世間，看透生死兩線，將天與人合而爲一的。

宣穎以「至人無己」爲主，「神人無功」「聖人無名」爲輔，眞人眞知才得其天人之道，其次第可由〈天下〉篇中將天人謂之第一等人，神人爲第二等人，至人爲第三等人，聖人爲第四等人，君子爲第五等人，百官爲第六等人，庶民爲第七等人爲證，他以爲：「約略天下有七等人，見得治方術者，便當取法乎上。」看得出雖是以至人無己，推至於孔子之克己，聖人應虛己無爲，則天下位萬物育，但最終是以天人爲第一等人，才是自然回復於道體的眞人、眞知，即復通爲一，終結於道之根柢上。

故而宣穎對於〈逍遙遊〉提出的那麼多人物，他認爲目的是點出「無己」之境，並非質實的指某人爲聖人，某人爲神人，因爲莊子之筆乃寓言也，其云：

借宋榮子爲聖人無名作影，借列子爲神人無功作影。至乘天地之正四句，爲至人無己作影也，獨不借一人點破之。

宋榮子、列子、許由，姑射神人，或取其事，或取其言，皆借意發揮，所謂寓言十九是也，若定派某爲聖人，某爲神人，且從而品評其是非當否，則癡人之前，不可說夢，尚足與之讀莊子乎？（〈逍遙遊〉注）

宣穎解釋莊子之意爲：許由是借喻「聖人無名」，藐姑射山是言「神人無功」之意，這些皆是莊子之寓意而已，並非眞有其人，或確有其事。宣穎解釋莊子所言的至人、神人、聖人、眞人等，全是重在心性修養實踐之次第不同，是以內聖的立場來說的。

(2)外王——應帝王

自古以來爲帝爲王者，不可勝數。宣穎認爲這些人不能稱之爲眞正之帝王，所謂應帝應王，應先要求其心性修養，必須達到內聖之程度，即所謂：「德合天人者」才是。故云：

自有天下以來，爲君者凡幾氏矣！前謂之帝，後謂之王，指各不勝屈矣！而克當乎其職者，何不數數見也？天生民而立之君，自天言之爲天子，必體天之心，而後爲肖子，自民言之爲民牧，必順民之性，而後爲良牧，乃由古及今，德合天人者，幾帝幾王耶！然則亦居帝位而謂之帝，備王數而謂之王耳，未可謂之應帝應王者也。（〈應帝王〉前言）

故應帝王者，必須眞能德合天人，上達於天，下至於民，眞正作到「體天之心」、「順民之性」。但是究竟何者爲「天之心」，「民之性」？宣穎以爲「天之心」就是「民之性」，因爲天由一氣之化而爲天下萬物，故天下芸芸衆生，其性「未有不各具一天者也」（〈應帝王〉），所謂萬事萬物，其「性中各有一太極」，故而若傷一民之性，則天心即傷。聖人體天之心，惟在不拂逆民之性而已，所以修己之道，在於順物自然，對待人民無私、無己，才是變化治人之道，帝王居於其中，則有參贊天地萬物化育之功，故萬物可各正性命而於穆不已。

宣穎以由內至外一貫的詮釋理念，突顯出儒家由內至外，一貫積極的內聖外王系統，如此解莊是順著《中庸》二十章「爲政在人，取人以身，修身以道，修道以仁」、「故君子不可以不脩身；思脩身，不可以不事親；思事親，不可以不知人；思知人，不可以不知天。」而來的，如此由知天而脩身，進而治人、治天下國家，此一貫的理念，是積極的扮演天人合一的主動角色，聖人上可知天，下可化民。由誠己而誠物，由內聖通至外王，故惟有修己身至聖的聖人，才應爲帝王，又《中庸》三十二章說：

惟天下至誠，爲能經綸天下之大經，立天下之大本，知天地之化育。夫焉有所倚？肫肫其仁，淵淵其淵，浩浩其天。苟不固聰明聖知達天德者，其孰能知之？

《中庸》的看法是以「至誠」一點，作爲上達天德的聖人形象，這才是「肫肫其仁，淵淵其淵，浩浩其天」之意。宣穎於〈德充符〉中詮釋「使之和豫通而不失於兌」云：「不失於兌，在我一和豫通也，與物爲春，天下一和豫通也，接而生時於心，妙妙！分明是造化在我胸中，一片活潑，《中庸》：「浩浩其天」，一句註腳，莫過於此。」（〈德充符〉）宣穎借由「浩浩其天」乃天下至誠的顯現，說明聖人由內聖而至外王的影響力，進而天地化育而萬物位焉，因此能在宥天下，故宣穎云：

本爲發明在宥天下，引此卻説身之要，細細尋味，分明是中庸：「致中和」三個字。天地位焉，萬物育焉，這便自然而然，更不消説，然則讀廣成子之言，在宥之精蘊如此，何處用得「治天下」三字乎！

（〈在宥〉注）

而且吾人可以注意到的是宣穎對聖人之形象只云「浩浩其天」，而未云「肫肫其仁」，可以看出宣穎重視的是《中庸》的形上意義，他轉化了儒家的言語，以爲道家所用。又《中庸》二十章云：

凡爲天下國家有九經，曰：脩身也，尊賢也，親親也，敬大臣也，體群臣也，子庶民也，來百工也，柔遠人也，懷諸侯也。修身，則道立；尊賢，則不惑，親親，則諸父昆弟不怨，敬大臣，則不眩；體群臣，則士之報禮重；子庶民，則百姓勸；來百工，則財用足；柔遠人，則四方歸之；懷諸侯，則天下畏之。……凡爲天下國家有九經，所以行之者，一也。

此修身乃屬於內聖，而尊尊、親親乃由內聖通向外王的起點，敬大臣，體群臣，子庶民，來百工，柔遠人，懷諸侯，是屬於外王，由修身而一層層往外擴大，莫不來自「誠」的作用，故而中庸內聖外王的動力及其內容是以「誠」來通貫上下，是十分積極，而欲化成天下的。

但莊子的「內聖外王」是用心於「道」這個主體的修養，其內容是「無爲逍遙」，而且與儒家一般開務成物，參天地化育之功的「心」是不同的，故帝王事業便非其所重視。而宣穎將莊子著重內聖之學，往外開出外王之事業，其詮釋之關鍵就放在「心」上。宣穎云：「詩不云乎：民具爾瞻，若聖帝明王所存者神，所過者化，旋轉天下而無端，甄陶天下而無跡，孰得而相之哉，故爲於無爲，治於不治，變化因乎一心，機械泯於衆志，吾安得如一子者而奉之爲君哉！」（〈應帝王〉前言）由一心之變化，帝王可玄德默運，化馳如神，而保留天下之心，而「渾沌者，天心也」（〈應帝王〉注）在此我們可注意到，宣穎雖然發明莊子內聖外王之意，但其內容卻是道家的無爲，其言「應帝王之道，在虛己無爲」（〈應帝王〉），又注〈應帝王〉「明日又與之見壺子，立未定，自失而走……故逃也。」此段云：

天地之初，有太素，有太始，有太初，有太易。太素者，質之始，太始者，形之始，太初者，氣之始，太易者，未見氣未始出吾宗，則太易之先也，一絲未兆，萬象俱空，是何等境界，虛而委蛇，不知誰何，無己也，因爲弟靡，因爲波流，無物也，此一節尤微之微者也，學道至此，纔爲入聖，帝王至此纔爲存神。

（〈應帝王〉注）

宣穎以無己無物方能入聖存神，而化育天下，因惟有無心無爲，方能全其神，保其性，而上達天德，宣穎詮釋莊子時，雖比之於中庸，但在「無爲」的內容上，卻仍以無爲爲原則，沒有完全轉變爲儒家一般，完全肯定一切人間禮樂客觀的制度。所以，莊子雖有應帝王篇，也有外王之思想，然而莊子的外王，是以內聖無心無爲的修養爲基礎，再應之於外，是加強莊子應帝王的積極意義，而任天下之自治，是不失莊子自身思想的分際。

而且，我們也可發現宣穎對政治的態度是相當具有理想性的，他酌取了莊子之無心無爲的思想，以爲「有爲則傷自然之德」（〈外物〉注），故以無心無爲處世，無入而不自得，才能得其大用，故言：「伯玉之妙，卻在與爲無方中而得與爲有方之用，祕訣只是一『順』字。『順』字不是阿附詭隨，看他話中，初則就不欲入，則達於無疵，全是用人，不是爲人用」（〈人間世〉注）故處於人世之中，無心無爲，是不得已而應之，乃處世之至精。視多事爲無事，待人接物未嘗有我，未嘗有人，沒有不遊刃有餘的。故聖帝明王當如此，其無心無爲，能體天之心，順民之性，而順天下之大化。

（三）仁義爲支流

宣穎以莊子所悟之「道」，是與孔子相同的，特只是莊子行文欲快，使人知「道」而「爲之」而已，是其涵養不足所致。所以莊子教人，要人直接識其「道體」，而聖人教人（指儒家孔子），因爲考慮「道體」非人人所能而識，故設「仁義」以教中人，因爲仁義禮樂乃道之支流，是由道之所發展而來的。故云：

仁義乃道之支流，順乎天則不必踐仁義之跡，立仁義之名矣，莊子教學道人，此定探其源意。（〈大宗師〉注）

又云：「古人仁義禮樂，皆本於和理，則皆自性中流出者也。」（〈繕性〉注），如果說道是海，仁義禮樂就是百川，故若能順乎天道，則可不必循仁義禮樂之踐，但不能識天道者，則仁義禮樂亦不能隨意廢之，宣穎云：

仁義禮樂非聖教所必須，要之皆聖人爲中人設法耳，不可皆語之以性道，則勢不得舍

仁義禮樂矣。（〈大宗師〉注）

孔子以六經教人，莊子言「道」使人識之，故而二者只是教人方法上不同，而非在道體方面的體認有所差異也。宣穎如此解釋仁義，於是莊子書中抨擊仁義之處，則以爲莊子因只談源頭，不屑談一切支流的緣故，其云：

聖門言仁義，即是性，莊子卻將仁義看作性外添出之物，蓋他止就源頭處一直下來，不肯多著一字，老子曰，不知其名，字之曰道，道之一字，還是借說的，何況說到仁義，莊子就是這一樣見解，他都就最上處理會，下一截事便一切掃卻。（〈駢拇〉注、前言）

因此宣穎以爲莊子非眞正抨擊仁義，而不過借此以明其源頭，直接就最上層言之，宣穎又云：

老莊之見，從來是尚道德而卑仁義，如此篇非薄仁義，便特提道德二字爲一篇之主。（〈駢拇〉注、前言）

宣穎以爲莊子特別提出「道德」二字，用之抨擊仁義，以彰顯道德之正。仁義本爲儒家聖人，教天下人如何爲君子的正念、正信，但仁義本身可爲君子之資，亦有可能反爲壞人所用，他說：「蓋天道一陽，即有一陰，人事一利，必有一害，適長等來，果然有之，不是莊子謬爲怪談也」（〈胠篋〉注、前言），仁義既然有利有弊，並非完全拂人之性，所以莊子的抨擊仁義，如〈馬蹄〉等篇，其目的只是說明仁義害於物的方面，事實上，仁義仍有好的一面，不可隨意廢棄。

宣穎以莊子雖肯定仁義之價值，但仁義畢竟是道體之支流。對於莊子抨擊仁義之詞，以爲仁義是「於道外立出名目，總屬形跡之事，不如相忘於本然猶爲近道」（〈天運〉注），仍是較肯定道之根源性；但對於〈天道〉中老子勸孔子云：「夫子若欲使天下無失其牧乎？則天地固有常矣，日月固有明矣，星辰固有列矣，禽獸固有群矣，樹木固有立矣。夫子亦放德而行，循道而趨，已至矣；又何偈偈乎揭仁義，若擊鼓而求亡子焉？噫！夫子亂人之性也！」此一大段，宣穎注云：「仁義且亂人性，則自分守形名以下，不言可知，故莫若無爲」、「數固有字，妙！可見無爲，不是不爲，乃本不消我爲也。夫子所云：義之與比；孟子所云：由仁義行。俱是此義。」按宣穎之意，即人要識得本末先後，本爲道，而由本可至於仁義，至於分守形名等，又在仁義之後，只要由仁行義，仍可以走向道體，故宣穎以爲莊子之意並非否定一切仁義禮制，其云：「莊子不是把禮制一切屏絕了，止是要人知得緩急輕重」（〈天道〉注），故人當識得莊子之意，實與儒家相同。

宣穎既對儒家的聖人這樣的肯定，那麼對於莊子書中有明顯抨擊聖人之處，宣穎亦提出理由，如〈盜跖〉篇抨擊聖人甚烈，宣穎對〈盜跖〉篇所敘孔子與柳下季爲友之事有言：「王荊公曰：柳下季，魯僖公時人，至孔子年八十餘，若至子路之死，百五六十歲，不得爲友，是寓言也。荊公以爲寓言還是就莊子論之，今細看其行文，粗淺無味，別之爲僞，無可疑者。」（〈盜跖〉注），而且宣穎以爲〈讓王〉、〈盜跖〉、〈說劍〉、〈漁父〉，此四篇既爲僞書，非莊子自著，故不須論之。而他處抨擊孔子之處，如〈天道〉篇孔子往見老聃說仁義，〈天運〉孔子見老聃而語仁義，宣穎乃將此看成寓言，特借之此以表明某種道理罷了，非眞有其事。如宣穎於〈田子方〉中有云：

> 獨有一丈夫，蓋眞儒也，其人爲誰，非吾夫子不足以當之。夫子爲哀公時人，莊子蓋寓言，特會吾夫子一人爲眞儒也，何以知其寓言，莊子與梁惠王、齊宣王同時，何由得與魯哀公相見耶？一部莊子大半皆此類也。

宣穎既將莊子大半是寓言部分視爲以文爲戲，云「莊子從來是以文爲戲，所云寓言十九者也。」（〈大宗師〉）如〈天道〉、〈天運〉言孔子問老聃之事，老聃言孔子「亂人之性」、「天之戮民」，則亦可看成寓言，而無須多作解釋。對於〈田子方〉此篇莊子與魯哀公相見一事，宣穎則認為此眞儒，乃莊子特指孔子而言。故宣穎直以眞儒視莊子，只是因其據道體而言，將仁義當作道之支流，故看似與儒家不同而已！

(四) 莊子與六經

宣穎以「六經是以道治世之書，莊子是直揭道體之書。」（〈大宗師〉注），雖是聖人謹於言，但大道既喪，百氏爭鳴，萬物不平則鳴，莊子雖知書籍名為傳道，尚是糟粕，欲天下之人，舍末而持本。若以「道」看天地萬物，以「道」看各家言論，「道」是至高而齊一之標準，天地自然萬物運承皆出於「道」，「若夫四氣推移，而蟲鳥風雷各應其候」，順著季節之遞嬗，正是「道」之表現，自然界是如此，人的感情表達亦然。若「喜則諷俞，怒則叱吒，哀則涕泣，樂則謳歌」，其喜怒哀樂發之皆中節，這只有至和者才能如此。

宣穎以為六經與莊子一書皆為明道之書，縱然其間有激昂奮厲，長吟短歎之辭，莫不「要以發於至當而教人以中節之和」，故六經為眞正明道之書。但六經之作並非得已，因為六經的作者，欲使道能存於世間，故不得已為之以教人，但聖人著書，是適可而止，謹守言論，因「性道不可得而聞，多言易以成歧」（〈齊物論〉前言），而後世著作者，卻不能謹守這一分際，反而離道愈來愈遠。宣穎云：

孔子嘗曰：予欲無言。又曰，不知而作者，我無是也。蓋聖人之謹於言也。如是後世著作浩如煙海，學士家汗牛充棟，眼穿舌敝，而去道益遠。原其禍，蓋始於戰國焉。彼其時處士橫議，憂富貴者，挾陰陽捭闔之說，傾危人主，躐取卿相，識者鄙之，而好高務奇之士，遂退而著書，人各一編，以誇勝儔類，流譽來冀。秦漢迄今，濫傷已極，子史文集之函，石渠金馬，每不勝收，然攬其旨趣，率多無病而呻吟，不歡而舞蹈者焉。間雖中有所感，而喜怒未半，繪藻必工，哀樂既至，搖溢不已，執一區之私見，熒大道之弘通，斯則昌黎所謂不平之鳴者乎！

（〈齊物論〉前言）

宣穎認為莊子明白聖人謹言的用意，書籍乃是有跡之糟粕，如何能將大道弘通，使人人明白「風聲濟，衆竅為虛」的眞正意涵，如何得知道體的自然無為，則又必須藉助文字以明之，於是莊子只是用洸洋自恣的文字，將心中所言，淡然言之。故「齊物論者，殆亦莊生沸羹之冰雪與！」這與六經為文，目的以明道，與莊子的寓意是相同的。因此宣穎說：

曹子建論文以氣爲主，可見從來著一家言，未有不具段必達之氣者也。其氣既盛，從而折之，必未易降，今莊生不務逆折，只是從而淡之，眞釜底抽薪之法也。（〈齊物論〉前言）

以「從而淡之」做爲齊一萬物，釜底抽薪之法，自然化齊萬物，與六經以明道，自是有異曲同功之效，故宣穎以六次「眞淡之至也」讚嘆莊子云：

今莊子開口引子恭一段，直是世間原未有我，風聲濟，眾竅爲虛，眞氣將歸，形骸自萎，不特大命既至，自家不主張，抑且當場傀儡，未知是誰提線，我於此處，直欲大哭，乃猶較長論短，所爭是何閒氣耶！如此說來，尚未道及物論，早已令人冷卻十分矣！眞淡之至也。

說到眾語並起，無異小鳥鬥鳴，況乾坤到處是道，一說便有不盡，彼此俱囿，眞宰分別，何其多事，把持辯者，忽而兩邊俱埽，忽而融釋通家，令其火氣都盡，眞淡之至也。

他人爭執是非，誠爲多言。我卻與之分剖，獨非多言耶！莊子連我，今有謂一并埽卻，是大道希夷，總以冥漠爲至，現身說法，眞淡之至也。

連引堯問等數節，大聖人胸界之寬，悟境之達如此，直將造化情性，物我變態，一眼看破，一心超寄，而我方與人鼓其筆舌、辨其方隅，一何少味，總把自己推倒，純是現身說法，眞淡之至也。

使我與若爭勝，則是同在夢中，俱不能相知，我於大夢之中，忽開醒眼，付之相忘，卿即嘵嘵不休，我亦慨不來管，自爾優游無境，眞淡之至也。

罔兩一節，行止，坐起，邐遞有待而然，應轉喪我，眞淡之之至也。

夫道視之而不見，聽之而不聞，亦無視而弗見，無聽而弗聞，至於無視弗見，無聽弗聞，盈天地之間尚有物乎！尚有彼物此物之歧乎！物且不得，論將安附，故物化則一片清虛，四大皆空矣！眞淡之至也。

（〈齊物論〉前言）

宣穎在此解析了莊子著書之心，以眞淡之至以看萬事萬物，以天地原未爲有我，乾坤到處是道，莊子連我亦一併掃卻，莊子的胸界如此寬悟境達，明白人皆於大夢之中，轉瞬間即喪我，最後至於物化，一片清虛之境，以說明莊子著書之心，是與注六經者之本意相同的。很明顯的，宣穎如此闡述莊子著書之心、體悟之道，即是認爲莊子齊物之「道」，就是六經所言之「道」。然而儒家的「道」，是具有積極的道德性，如同《中庸》首章言：「天命之謂性，率性之謂道，修之謂教」天命之流行，下貫至人之生命中，即為其所賦予之性。人應學習如何充分的發揮此天賦，並識得天地萬物，亦皆為上天所賦予，雖各有不同，然同樣均來自於上天所創造，於是天地萬物能眞正等同而齊一，最終能契合天道。其實「乾坤到處是道」，能自然無為，虛己至中，方是天地育而萬物位，眞正的通達「道」義。「道」具超越天地萬物之上，又無所不在，普遍於天地萬物之中的特質，這是宣穎詮釋莊子恰當的地方，也是《中庸》與《莊子》相似之處，然此「道」於《中庸》的內容上，是具有如此積極的創生功能及道德意義，則恐怕是宣穎發明之創見。

尤其宣穎又言莊子曾言「春秋經世先王之志」（〈齊物論〉）他以為莊子對於儒家重要的經典著作《春秋》分外重視，對孔子更是景仰，謂：「莊子胸中未嘗須臾忘夫子也！」（〈齊物論〉注）。在宣穎的詮釋中，儒家的《春秋》與道家之《莊子》所識之「道」完全相同，其著書目的皆是明道之書，所以《莊子》一書是與六經等同的。

最後宣穎為配合莊子自身的脈絡，則云：「大道希夷，總以冥漠為至」（〈齊物論〉），以冥漠為至的大道與儒家具積極生化功能，創建不已的大道在實踐的層次上顯然不同，所以說宣穎言此道是同於儒家，莊子與六經亦同為明道之書，而以儒家積極的一面，豐富了道家恬淡、寂靜、虛無的道，以顯現天地之大美，萬物中和之節。

小結

由以上論述可知，《南華經解》中對「道」的本體，是以「無」看待之，將莊子與中庸相表裡，於是莊子道體之「無」，與中庸無聲無臭之形上意義相同。逍遙之境界與無己之工夫混合爲一，結合孔顏心學之大成，成就了逍遙境界論之新解。再以儒家見獨與存誠之工夫，陶鑄在道家的養神與用志上，成爲以赤子之心以養己的工夫理論。最後，宣穎以順物自然而內聖外王，無爲而物自化，道的支流是仁義，莊子明道之功是等同於六經，做爲宣穎的道體實踐理論。因此，宣穎以儒解莊之思想論述是結構完整，融合了儒家積極開展之內容與道家高遠廓落之境界，互爲表裡而成的。

有的學者認爲儒、道殊異，如郎擎霄先生在《莊子學案》中云：「是後世學者中，有以莊子爲非與儒家有敵意，而盛推獎之者，此其根本謬見，在於不認識事物之差別。」，對於混同儒與莊，表示此爲謬誤甚深的看法。然而「歷代莊注都是從一定學術觀點出發的，一部莊學史反映了一部中國學術史」㉔郭象從玄學出發，外加與莊子「獨化」之旨，「性足」自

㉔（宋）林希逸著，周啓成校注：《莊子鬳齋口義校注》（北京：中華書局，一九九七年三月），周啓成〈前言〉頁五。

齊之說；成玄英從道教出發，將「重玄之道」貼入莊子，宋儒則以儒家角度來看莊子，清儒以考證概念入手，調和儒道之勢更形確立，評析較前代更加細密。因此宣穎《南華經解》是反映時代的學術思維，提出一己之見的作品。

其實儒道之間心理上的轉折，產生思維上的矛盾，可由歷代文論及注莊者之看法中斑斑可考，並作爲儒家與莊子之間，一個殊途而同歸，相反而相成的討論。莊子法自然，無往不因，無因不可，言於此而意在於彼，或託言於彼而著意於此，有謂無謂，無謂有謂，人無得而相焉，故晉、王坦之謂爲「在儒而非儒，非道而有道，而莫知誰氏？」明於此，則莊子之旨庶幾可得其一、二，如此，各家取其所需，資其所貌，形貌之不同，人人殊異，不譴是非，應是莊子之眞義罷！

第六章 《南華經解》特色之二——以文評莊

本章就清以前以文評莊之情形，至《南華經解》以文評莊之風格探析，做一個整體脈落的敘述。

第一節 清以前以文評莊之情形

一、文學方面

《莊子》，以深邃的哲理，燦爛文學，獨特的思維方式獨步千里，他奇妙的想像，絕妙的說理，奇特的文筆，讓後世的文人，無不一唱三嘆的頌揚他的文辭，因此聞一多說：「中國人的文化上，永遠留著莊子的烙印」，莊周的思想，本身「便是一首絕妙的詩」❶。事實

---

❶聞一多：《古典新義》（見《聞一多全集》第二卷，台北：里仁書局民，民國八十二年九月）。

上，受莊周文學思想影響的，自漢以來，以《莊子》文字入其詩文者，或由莊文中汲取靈感者，爲數不少。

如漢代賈誼、司馬遷；魏晉阮籍、嵇康、陶淵明、劉勰；唐代有李白、韓愈、柳宗元、司空圖；宋代有王安石、蘇軾、陸游；明代有吳承恩、馮夢龍；清代有曹雪芹、劉熙載、龔自珍等。其中，如陶淵明「悠然見南山」，李白「敬亭山獨坐」皆具《莊子》朝徹的境界；韓愈〈答李翊書〉、柳宗元〈郭橐駝傳〉俱自〈養生主〉胎化而出；韓愈〈送高閑上人序〉、〈原道〉得自〈胠篋〉之眞義；柳宗元〈永某氏之鼠〉和〈蝜蝂傳〉均取意於〈駢拇〉。蘇東坡〈喜雨亭記〉即大宗師的思想，〈凌虛臺記〉、〈清風閣記〉、〈超然臺記〉，亦引用莊子；吳承恩《西遊記》、馮夢龍《警世通言》中〈莊子休鼓盆成大道〉，迂疏浪漫的小說寓言，亦取材於《莊子》；清、曹雪芹在《紅樓夢》中賈寶玉對《南華經》手不釋卷，對〈秋水〉仔細玩味，看出作者塑造寶玉時，將莊周的觀點融入其中；劉熙載《藝概・文概》更是推崇莊周作品，云：「莊子之文，如空中飛鳥，捉不到則飛去」、「看似胡說亂說，骨裡卻盡有分數」，莊周作品：「意出塵外，怪生筆端」、「寓眞於誕，寓實於玄」這些闡述，相當精闢。龔自珍詩云：「莊騷兩靈鬼，盤居肝腸深。」他把莊騷作爲自己肝腸的靈鬼，即是以莊騷爲創作的楷模。

由上所述可以觀出文學家對莊子的喜愛與運用之頻繁，可謂不絕於文，得知莊子對歷代儒生的思想，一直具有既深且遠的影響，無論詩詞、文論、文學批評、藝術等各方面，都帶有莊周的色彩。故知莊周的中心思想「道」，除具有形上學的意義之外，當它落實到人生中，便成爲藝術的心靈，不同於凡的心眼所視，成爲無處不璨然的繽紛世界。宣穎歷經憂患，飽讀書籍，又與莊子契合之下，所謂「積學以儲寶，酌理以富才」，自能深造而有得，將莊子藝術境界的高妙，文學語言的風格，轉化於《南華經解》義理討論與哲學思維之中，無入而不自得。

二、美學方面

在中國美學理論方面，莊子更是洋洋大觀，影響深刻，由於莊子以不同以往的精神形態，注入了新的審美觀念，發揮人潛在自由創造的能力，將人與自然的親和力，在物我的時空相對中，產生不同凡響的忘我創造，予以中國人新的審美經驗❷，因此，莊子美學幾乎貫

---

❷參考張節末：〈道禪對儒家美學的衝擊〉（北京：《哲學研究》一九九八年第九期），一九九八年九月，頁五四－六一。

串了整個中國美學發展史，對歷代美學家、文論家發生過啓迪作用。

劉紹瑾《莊子與中國美學》認爲莊子影響中國美學理論和觀點部分有四：審美關係系統、主體心理系統、客體創造系統、審美表達系統❸等；，張利群《莊子美學》❹則以審美分爲關係論、本質論、特徵論、眞實論、境界論、心態論、形象論、方式論、藝術論、創造論、架構論等作爲莊子美學思想體系的鳥瞰；黃師錦鋐〈道家審美觀〉❺則以有與無共通、物與我兩忘、情與理不分三者，作爲道通爲一的審美觀。綜合以上意見，約略可分爲三：

其一爲「物我爲一」的審美：出自於〈齊物論〉：「天地與我並生，而萬物與我爲一」，影響所及有：劉勰《文心雕龍》：「寫氣圖貌，既隨物以宛轉；屬采附聲，亦與心而徘徊。」「窺意象而運斤。」；張璪：「外師造化，中得心源」（見《歷代名畫記》）；蘇軾《書晁補之所藏與可畫竹三首》：「其身與竹化，無窮出清新。」；劉熙載《藝概》：「其秘要則在於無我，而以萬物爲我也。」；王昌齡《詩格》：「三曰意境。亦張之於意而思之於心，則得其眞矣。」；謝榛《四溟詩話》：「情景相觸而成詩。」這即是表現人能夠消失自我，

---

❸劉紹瑾：《莊子與中國美學》（廣東：高等教育出版社，一九八九年四月），頁二一六—二二〇。

❹張利群：《莊子美學》（桂林：廣西師範大學出版，一九九二年八月）。

❺黃師錦鋐：〈道家的審美觀〉（高雄：中國文學與美學學術研討會，一九九八年十二月），頁七—九。

以達到物與我一體的境界。

其二為「心齋坐忘」的本質：出自〈人間世〉：「虛者，心齋也。」影響有：陶淵明《飲酒・其二》：「問君何能爾，心遠地自偏。」邵雍《無苦吟》：「行筆因調性，成詩為寫心。」況周頤《蕙風詞話》：「常覺風雨江山外，有萬得已者在。此萬不得已者，即詞心也。」；至於「坐忘」是出自《大宗師》：「墮肢體，黜聰明，離形去知，同於大通。」如陸機《文賦》：「若夫應感之會，通塞之紀，來不可遏，去不可止。藏若景滅，行猶響起。」顏之推《顏氏家訓》：「標舉興會，發引性靈。」李德裕《文章論》：「文之為物，自然靈氣。惚恍而來，不思而至。」、「興寄都絕，每以永嘆。」司空圖《二十四詩品・含蓄》：「不著一字，盡得風流。」都可以說是受到坐忘的影響；另外，因心齋坐忘對氣質之影響有：曹丕《典論・論文》：「文以氣為主。」、謝赫《古畫品錄》：「一氣韻生動是也。」、劉大櫆《論文偶記》：「神氣者，文之最精處也。」都是由心齋坐忘而產生的壹虛而靜，靈動無比的氣質。

其三為「復通為一」的境界：即是「道」之境，歷代美學家均有論述「神」、「味」、「趣」、「妙」等，以及劉勰《文心雕龍》：「陶鈞文思，貴在虛靜。」程顥、程頤《秋日偶成二首》：「萬物靜觀皆自得，四時佳興與人同。」蘇軾《送參寥師》：「欲令詩語妙，無厭空且靜。靜故了群動，空故納萬境。」鍾嶸《詩品序》：「觀古今勝語，多非補假，皆由直尋。」李白：「清水出芙蓉，天然去雕飾。」劉勰《文心雕龍》：「神與物游。」皎然《詩式》：「精思一搜，萬象不能藏其巧。」嚴羽《滄浪詩話》：「詩道亦在妙悟。」，這種復通為一之境，即是達到「貴眞」的境界，如王充《論衡》：「起衆書並失實，虛妄之言勝眞美也。」李白《古風》：「聖代復元古，垂衣貴清眞。」元好問《論詩三十首》：「一語天然萬古新，豪華落盡見眞淳。」，於是「物物而不物于物。」劉勰《文心雕龍》：「感物吟志，莫非自然。」邵雍《皇極經世全書解》：「以物觀物，性也；以我觀物，情也。」毛宗崗《讀三國志法》：「讀造物自然之文。」；最後是得意而忘言，得意而忘象，如王維《山水論》：「凡畫山水，意在筆先。」司空圖《與李生論詩書》：「近而不浮，遠而不盡，然後可以言韻外之致耳。」張戒《歲寒堂詩話》曰：「大抵句中若無意味……豈復可觀。」梅堯臣：「作詩無古今，唯造平淡難。」，這種渾然天成之色，即如李贄《雜說》：「如化工之于物，其工巧自不可思議爾。」石濤《畫語錄》：「蓋以無法生有法，以有法貫從法也。」處處看出物我兩忘，而渾然一體然一體的化工之巧，此其復通為一的境界。

莊子美學不惟對古代美學思想、文藝理論發生影響，而且對文藝理論，尤其是繪畫、書法、音樂理論也引起積極推動作用，對藝術家的人生觀、人格心態形成了一定的模式，積澱在中華民族的文化心理結構中，產生藝術化的人生觀。宣穎在《南華經解》中，也展現莊子辭令逸品的絕妙色彩，將莊子美學的意境展露無遺。

三、注疏方面

在《莊子》注疏方面，歷代注家注解重視其深微的思想，將之視爲哲學著作。其所從事者多爲二個方向，一則以義理的解析闡發爲主，如郭象《莊子注》、成玄英《莊子疏》、王雱《南華眞經新傳》、呂惠卿《莊子義》等以義理的闡發爲主；一則以標音注義爲主，如李軌《莊子注音》、陸德明《莊子音義》、陳景元《南華章句音義》等，至清以後校勘訓詁上，如王念孫〈校莊子〉（在《讀書雜志》內，校莊三十五條）、郭慶藩《莊子集釋》、王先謙《莊子集解》、俞樾〈讀莊子評議〉（在《諸子評議》中）等人，將注莊之風氣，邁入另一番高潮。

自從宋、林希逸提倡讀《莊子》必識文字血脈，然後注家始以文士視莊周，以詞章求莊子書，迥異前代以講明義理爲目標的注法，至明・羅勉道《莊子循本》（其大旨與林希逸同，並有所發明。）、孫月峰《南華評》（此書主要是評點文章，後附《莊子難字音義》）、方虛名《莊子旁注》（此書多注重章法、句法、字法。）已見注家以文評莊的論述影響所及。清初宣穎《南華經解》：「莊子之文，眞千古一人也」、林雲銘《莊子因》至後來胡文英《莊子獨見》，以論莊子文章爲主，何如漋《莊子未定稿》、劉鳳苞《南華雪心編》都可以看出注家從文學觀點來注解莊子的勃興。❻

由上所述，在文學史上文士在詩文中，受莊子文辭及思想的影響頗多；在美學史上，莊子對美學思想、理論，甚至書法、繪畫等藝術發展上，皆產生貢獻；至於在《莊子》注疏方面，也能開拓一片以文辭入莊的有情天地，豐厚了注疏者的詮釋視野，讓莊學的生命注入了文學與哲學兼具之美，反映了學術流變呈現在注疏上的變化。宣穎能承其先而啓其後，把握住前代注家未深究的內容，用文理入義理的融合方式，作新的發明與詮釋，爲後世注疏開啓另一扇視窗。下一節即專就宣穎以文評莊，做一說明。

第二節《南華經解》以文評莊之風格探析

宣穎著《南華經解》其緣由之一，即是因注莊者雖多，卻未識得莊文結構之意，對行文妙處，更是未涉藩籬，故宣穎分節分段，知其骨節筋脈，加以批釁導窾，期全篇「窾會分明

❻見陸欽：《莊周思想研究》（河南：人民出版社，一九八三年十二月），頁一一八。

，首尾貫穿」〈莊解小言〉，亦即莊子所謂「未嘗見全牛也」〈養生主〉，於是宣穎云：「蓋必目無全牛者，然後能盡有全牛也」。故認爲：

愚謂聖賢經籍，雖以意義爲重，然未有文理，不能曉暢，而意義得明者。（〈莊解小言〉）

故《南華經解》以文評莊，得其結構、行文、段落、修辭之妙處，而首尾一氣，經此耐煩尋繹，層層洗發後，借由宣穎的慧眼巧思，才眞正點出莊子之倖色揣聲，寫景摛情，化工之巧。

其實，哲學家莊周由於兼具有藝術家的氣質和性格，在認知中重視的不只是抽象的概念分析，更包含著感性直觀的領悟和把握。因此莊子能突破語言的局限性，概念的僵硬性，運用各種手法表現窅然難言的「道」和體道的心靈狀態❼。宣穎在此可以說已能把握到莊子之藝術特質，對文理結構、行文、修辭之妙，加以發揮。

❼趙明、薛敏珠：《道家文化及其藝術精神》（長春：吉林文史出版，一九九一年九月），頁一七一。

一、識得結構

宣穎於《南華經解》每篇文章開始處，皆書篇章之旨意與其結構。計內篇七篇，外篇十五篇及天下篇，共二十三篇，雜篇在宣穎看來是：「不是於道有龐雜之言，止是隨手錯敘，雖各段自有文法，不曾結撰成篇耳」（《南華經解》雜篇・前言）故宣穎不說明雜篇結構。宣穎所謂「結構」，是針對全篇的重要脈落、主要意旨作說明，以下依其順序，說明如下：

（一）〈逍遙遊〉

宣穎以「至人無己」爲本篇主意，更以「至人無己」總括內七篇之要旨。以「至人無己、神人無功、聖人無名」爲本篇主要三結構，並由討論次序中得其主從之義，最後歸結「至人無己」爲本篇之重心。

中間一段是通篇正結構處，亦止得至人無己，神人無功，聖人無名，三句耳。卻先於前面隱隱列三項人次第，然後順手點出三句，究竟又只爲「至人無己「一句耳。

神人無功，聖人無名，都是陪客，何以知之？看他上面宋榮子譽不勸、非不沮，是無名，列子於致福未數數然，是無功。乘天地御六氣四句是無己，一節進似一節，每故知至人句是主也。

借宋榮子爲聖人無名作影，借列子爲神人無功作影，至乘天地之正四句，爲至人無己作影也，獨不借一人點破之，莊子之意何爲哉？讀至篇末方知之！

至人無己三句後，而整用三大截發明之，其次第與前倒轉，自無名、而無功、而無己，歸於所重，以爲一篇之結尾也。

分三大段看，起處至小大之辨也，是前一大段，知效一官至聖人無名，是中一大段，堯讓天下至末，是後一大段，前極參差變化，後獨三段分應瀇宕在筆而餘音嫋然，眞浸梁不測之文。

清・方文通《南華經解》云：「莊子外雜篇，皆宗老子之旨，發揮內七篇，而內七篇之要，括於〈逍遙遊〉一篇，逍遙遊篇形容大體大用，而括於『至人無己』一句。」❽方文

---

❽方文通：《南華經解》（嚴靈峰編：《莊子集成續編》三十六冊，台北：藝文印書館）卷首，頁三。

通此解即承自宣穎而來。

（二）〈齊物論〉

宣穎認爲：「齊物論者，殆亦莊生沸羹之冰雪與！」將形、聲等一切物事，全部掃卻，最後連自身皆撤去，眞是冰壺濯魄，全體大悟之文。前以大手筆起「吾喪我」之虛無，再以地籟、人籟，莫若以明的物論敘之，最後推倒物論，推倒己身，是爲眞正齊物之論。

上面若干文，推倒物論者十居二三，連自己齊物論一併推倒者十居七八，至末忽現身一譬，乃見己原是絕無我相，一絲不掛人，意愈超脫，文愈縹緲。

我一物也，物一我也，我與物皆物也，然我與物又皆非物也，故曰物化。夫物化則傾耳而聽，登目而睹，果宜有物乎哉！果且無物乎哉！執之爲物子人可，乃且有不齊之乎哉！乃且有不齊之論，而須我以齊之乎哉！

己與物不知是一是二，尚有未喪之我乎，尚有可親之形乎，遙遙接轉前輻，所謂以大筆起，以大筆收，物論之在中間，不啻游絲蚊響之度碧落耳。付之不足齊，是高一層齊法。

將物化收煞，齊物論眞紅爐一點雪也。

起束連身子都撤去，不是齊物論，中間大半寫齊他也是多事，又不止是齊物論，一從闊處啓悟，一從當身啓悟，行文斷無實寫之法。

（三）〈養生主〉

以養生在於養神，養生之主能合天體道。「緣督」二字，爲一篇妙解，循其中之所在，則自己毫不費力，將牛之形，雉之神，形委而神存，薪盡而火傳。

養生主者，養生之主能肖天，則肖乎天乎，遊刃恢恢，因緣督之妙用，固法天之精義矣！誰爲生主，無可指也。眞宰眞君前篇又已昭揭。此篇止寫養之之妙。開口便將知字說破病症。將「緣督」二字，顯示要方。解牛之喻無過寫此二字。要人識得督在何處耳！斷不是拘定四方，取那中間也。

公文軒三節，止隨手點三證，以見主之所不在。都不足留意，不是散敘事蹟之文。末三句至奇至妙。生主之義難言，止一喻，覿面進出，遂索解人不得也。

神字是此篇之主，卻不曾說出，止點火傳二字，使人恍然得之。試思吾身小點，光明果是何物。

（四）〈人間世〉

宣穎以處人與自處，當作人間世之兩大要項。認爲處人、自處兩者全然不露，最終在於「逍遙無己」之妙義。文分七段，前三段處人之道，後四段自處之道，將「虛」字徹底運用。

人間世不過有二端：處人自處是已！凡處人而攖患者，又只因自處未能冥然。蓋與人生競病，在用己之見未消也，所以前說處人，後說自處，是一套事。處人同世，除卻大道，便是術法。莊子此篇，直究到本源之地，淘汰得瑩淨無塵，徹內徹外，並無兩件物事，眞見道之精言也。

讀前三段，圭角化盡，卻不是模稜學問，都從胸中融透處來。一切炫長沽美，以取禍戾。如楊德祖輩見之，須出一身白汗。讀後四段，才情廢盡，卻不是藏拙學問，都從冥漠合德中來，即爲善不密，聲譽著聞，如龔勝輩見之，亦如冷水澆背也。七大段文字，不自著一語，而意旨隱躍無不盡，眞大爐錘手！

（五）〈德充符〉

宣穎將形與情視爲德之累，全文深明德充符乃由內向外體現，唯有忘形、忘情，才得不傷身之眞義。全文章法：「只是一翻空反跌之法。」云：

德充符者，德克於內，則自有外見之符也，劈頭出一箇兀者，又一箇兀者，又一箇兀者，又一箇惡人，又一箇闉跂支，誰無脤，又一箇甕盎大癭，令讀者如登舞場，怪狀錯落，不知何知，蓋深明德符令不是外邊的事，先要抹去形骸一邊，則德之所以爲德，不言自見，卻撰出如許傀儡，劈面翻來，眞是以文爲戲也。

（六）〈大宗師〉

宣穎以宇宙乾坤，天地自然之「道」來解大宗師，他認爲：「是大宗師也，未嘗物物而植之命之也」養生養形並非不朽之事，應是與道爲體，與乾坤者遊，看透生死，具有天人一致的眞知。以前半篇爲正文，後半篇討論發明之。

點出道字，便極力形容道字之妙，便歷歷指點古來神聖，無不宗師。此道是前半篇正文取束處，而下七八段文字，止是爲前半篇作引證發明耳。其前四段，直明生死順乎宗師。五、六，二段辨明道體，以世人誤認宗師故也。末段收出命字，命乃大宗師之賦物者也。人生惟當受命，是一篇扼要歸宿處。

（七）〈應帝王〉

宣穎認爲天下之君王應體天之心，不拂民之性，以至人無己之姿，行無爲之治，前五段言君王治天下貴在無爲，末二段以季咸渾沌之例作爲應帝王一義之發明。

爲君者體天之心，惟在不拂民之性而已。

前面歷引五段，總見君天下，貴無爲而治，末二段，用己意發明。

莊子作應帝王，亦願人君常爲天下留其渾沌而已矣！渾沌者天也。言應帝王之道在虛己無爲也。

（八）〈駢拇〉

宣穎以仁義爲道之支流，性是外添出之物，本文以「道德」爲一篇之主，其義在若以仁義爲行，是傷到道體之性，性命之情在於道德之正，實寫仁義無用，道德爲主。全文以頓挫正反之筆，收結到「道德」上去。

此篇言以仁義爲行，則失其性，是就傷於己上說。老莊之見，從來是尚道德而卑仁義，如此篇非薄仁義，便特提「道德」二字爲一篇之主。行文段落極整，而其每段中忽添忽減，隨手錯落。一線穿去，一段生一段，波瀾滾滾，然至束筆處，皆故作悠揚蘊藉，另是一格。結處現出自己，歸束到道德上去，是一篇大章法。

（九）〈馬蹄〉

全文要旨在勿以仁義爲治，則拂逆人心，害於萬物萬事。故借馬、陶匠以喻治天下，須有伯樂的智慧，與聖人之能，才能不傷不毀，成就萬物。

此篇言以仁義爲治，則拂人之性，是就害於物上說。前後用譬喻、錯落、洗發，如雨後青山，最爲醒露。

（十）〈胠篋〉

本文主旨在天下人以仁義聖知教天下，其實爲天下之害、盜賊之利。文章反反覆覆連類廣譬，以明此義。

仁義聖知本教天下爲君子，莊生從局外破未足爲君子之資，而反以助盜賊之用，蓋天道一陽，即有一陰，人事一利，必有一害，通長算來，果然有之，不是莊子謬爲怪談也。

比前二篇又推進一層，直是充義至類之盡，故其痛快亦更無比。

劈頭一喻，引起盜資，以下發仁義聖知之弊，一段爲盜賊之利，一段爲天下之害，又一段申盜賊之利，又一段申天下之害，然後疊疊致嘆，將亂本兩番，歸咎好知，將好知三番，痛其致亂反覆披露，盡興而止。好知二字，妙妙將仁義聖知，漫天匝地經綸，說得止是一念兒戲，如此眼光，任他何人看不到。譬喻突起甚奇，守物之智，適足爲巨盜資，此人情所易明者，就小處寫人，喻意快絕。

（十一）〈在宥〉

題目「在宥」即本文主旨所在，明天下之治，應以性命之情安定爲主，治雖能善人心，卻亦是攖人心，故鴻蒙不取治人，而以「心養」之語言之，以發明在宥之微義。文章的「後二大段，又用己意發明，是一反一正。」

在宥二字，是一篇之主。治字是反對之病，在宥則性命之情安，並不必治天下矣！治則天下多事，更不能安性命之情矣！前數段止意一反一覆。崔瞿誤認治能善人心，卻不知治是攖人心。老子說來，其流弊遂至不可救。此一大段，所以痛駁治字之害處也。

黃帝一問，廣成子不取其治天下，而告以治身。雲將數問，鴻蒙不取其治人，而語以心養。此二大段所以發明在宥之微處也。夫在宥豈一味廓落而已哉！

(十二)〈天地〉

道出於天地，雖無聲無臭，卻可以無心無為，得其旨意，萬物皆可指出，道在其中矣！

本文以敘事的方式行文。

道之大源，出於天地，有物可指之為道也，無聲無臭，玄而已矣！須無心無為，然後得之，一毫機巧，俱用不得，是此篇大意。

此篇是散散逐段夾敘將去。丈人口中撇去「機心」二字，夫子口中點出「渾沌」二字。莊生此篇之旨如揭矣！

(十三)〈天道〉

天道無爲，本文說無爲先以「靜」明之，言運而無所積爲靜，雖視之爲動但是無所積之體，是至一，是寥天，是虛靜，以動靜一機，以達天德，以明無爲，以說渾融一體，最終目的在希望天下萬世之人，能捨末持本，明白道之精義。

無爲二字，相沿爲爲道家常談。看莊子此篇說人精微處、明確處。前面要說無爲，先託出靜字一層，要說靜字，先託出運而無所積一層，夫靜之爲無爲，人所易知也，運而無所積之爲靜，人所未易知也，運而無所積，則純是動，何以言無不靜耶？此處須親見得運而無所積之體，則劃然矣！運而無所積，乃至一者爲之也，倘有貳則不能運矣！則有所積矣！故道者其爲不貳也，不貳者一也，一則靜也，可見運處即是靜，靜處正是動，動靜一機，達天德者，其孰能知之，既出靜字上面又添一虛字者，靜之功所由入也，夫而後從虛落靜，從靜落無，爲虛靜，無爲渾融一體，蓋精微有如此者。

後面既說無爲，卻又非掃卻有爲，但無爲者處上之道，有爲者任下之道，上所自處者本也，下所分任者末也，迤邐說去，只要明得本末二字，除卻虛靜無爲，凡一切有爲之跡，都是末學。本所當先，末所當後，蓋末非要有一物，可與本相對是從基本止一層一層落下去的，愈到下面愈落得粗了，道之次序如此，雖曰古不廢，奈何爲王聖人者，可舍所先而遂其後哉，其明劃的，確有如此者。

（十四）〈天運〉

本篇文字云道變化無方，前三段列舉道爲天下之主，後以孔子問老聃的討論，掃去形跡，獨現神理。

此篇凡八大段，前三段言天下無一件不是道爲之主，帝王惟當順之；後五段又恐逐其粗而遺其精，言道不在形跡變化無方，純以神明用事。細讀之，其晶融透脱，眞有天花燦墜之樂。

（十五）〈刻意〉

本篇「養神」爲一篇之主，說聖人而終結以眞人，是文章旨意所在。

先將五樣人排列，然後遞入聖人，五者乃更不足道。連用六箇故曰，寫聖人之所以爲聖。末引野語作結，見凡人各有所尚。惟聖人爲得所尚耳！眞具一片醒世婆心。恬淡寂寞，虛無無爲，是聖功要領，養神二字，則其主張也；貴精體純素，止是「養神」二字之換面。將上數節，都歸「養神」是一篇之主。

（十六）〈繕性〉

以「俗學」「俗思」冒起全文意旨，再分而行之文章之中，前半篇言俗學以求復其初，後半篇言俗思以求致其明，最終以存身爲得志，得志在適性之樂，才是眞正文意之旨。

俗學俗思，雙起一篇之意。前半篇完俗學之慨，接手用「由是觀之」一節，遞入俗思之慨，行文有蛛絲馬跡之巧，兩章俱借古傷今，前幅兩用古人，落到俗學，後幅三用古人，落到俗思，最有蕩漾之趣。

後半幅遞出隱字，以下一節一節說出許多學問，與孟子所性分定，大行不加，窮取不損，意思相合。

又承得志二字發明。三舉古人，其不得不隱者，爲存身也；存身爲得志也；得志非軒冕之謂也。余性則樂，樂則得志，所志如此，是古思也；重內而輕外，豈非至明者乎。

今也志在軒冕，而甘於喪己失性焉，是俗思也。內外輕重之不明，謂之倒置之民，非即蔽蒙之民乎！

起冒極整，入後篇法流利變化。

如此一篇小小結構，從來無人看透，況他篇之精融浩汗乎甚矣！讀書之難也。

（十七）〈秋水〉

以七番答問披剝「反眞」之旨意，學道之次第則一一顯現之。

假河伯海若以答。一層進似一層，如剝蕉心，不盡不止。

凡七番披剝，用此三句一束（無以人滅天、無以故滅命、無以得殉名），結出反眞，蓋公孫龍三段，發無以得殉名意，末段與物同樂，則所謂反眞者在我矣！共寓意俱在隱躍之間，是最活潑文字。

（十八）〈至樂〉

生為塵垢，風吹而成微粒，如何尋得至樂，應明生死乃氣之轉換，以無為逍遙，與天地同體，方是至樂，才為天地不朽之眞理。

若性情之恬愉，則無為逍遙，不言樂而至樂存焉。吾獨怪吾以勞攘為困者，俗亦以無為為苦也，此無他，皆有生一念為之累也。愛生則欲奉其生，奉其生則欲使吾之生，優於凡謀生者之生，是以不勞攘圖之而不得已也。莊生妻死以下三段，將生死間看破；顏淵一段，命與形不可損益，則生死關亦不得不破也。末段將生死說得一氣轉換，方生方死，方死方生，竟未嘗有生死也。如此則有生一念可盡淨矣！生且不有，尚何一切享受之足。云：莊生蓋欲急醒迷途予之至樂歟！俗之所樂，名曰受生，實大傷之故。言至樂活身，無為幾存，蓋對俗樂之傷生說，耳後半篇，打破生死，更不道著活身二字矣！

養生者必養神，本文以十二段明喻養之妙。宣穎以為此篇應與〈養生主〉一起參看。

（十九）〈達生〉

蓋神者人人具足，不知養之則生而昏、死而散，知養之則生，而湛然自得，死而與化為體，此莊子惓惓欲養生者之必養神也。

前三段大意已明，後凡十二段橫側引喻，或明養神之妙，或明養形之非，末段借子扁子寄慨，以至言告淺人未有不驚且惑者，蓋深懼此篇知希歎一孫休，便嘆盡古今萬萬人也。

通篇以微言至論，提醒世人，至此恐鑿枘未必相入，特借扁子之嘆孫休，為之加一警策，笑盡天下人都是欸啓寡聞。

（二十）〈山木〉

處世以無己處世，行此虛己之道，則無入而不自得，一片虛靜，一任自然。本篇是「逐段敘來，自為章法」。

此篇教人處世免患之道，其意在任道德，而說道德處，純是一片清虛，柳子厚曰：與內篇〈人間世〉參看。

有一我見橫在胸中，涉世皆面墻矣！莊子反覆致警，蓋爲普天下人最深病根，只在於此，此根未除，種種惡習生發，種種禍踏動矣！莊子欲爲拔去，則道德之鄉不遠矣。

（二十一）〈田子方〉

段段以明「眞」義，從「虛緣而葆眞」開始，列舉溫伯雪子與夫子之以眞遇眞，顏淵與孔子見道之眞流，孔子與老聃遇道之眞，莊子與魯哀公所云之眞儒，百里奚、有虞氏皆完其眞，宋元君見眞畫師，姜太公爲眞太師，孫叔敖得眞人之意，楚王是眞存之人。

第一段引出一「眞」字，以後段都發此意。

人皆取其精柑，遺其精華，徇其跡，相忘其神理。道何自明於天下乎！夫道之妙，不以明言，不可以指測，惟悟眞者得之。

要寫「眞」字，既不可明言指測，故通篇止借遺言遺事，忽影忽襯，使紙上恍惚可睹。不知何得這許多妙事妙言，萃爲玄屑之數。「眞」字便是孔門「誠」字。

從數稱說到無稱，純用輕筆引起，有態有境，止要點一「眞」字。散散敘十一段詰說，段段精微，段段閃爍。一再讀之，耳目思心之外，隱隱如有所遇。

（二十二）〈知北遊〉

道妙之旨意在「無」，道在虛無，一般人見識不到，有物相隔，故定要越過崑崙，才得太虛之境，即由有至無，由無而見道之有。

自無而有者，道之所以無窮也，今滿眼物，皆是自無而有，則古之天地，亦是自無而有，不待再思者也。無之妙也如是夫。

（二十三）〈天下〉

本文可說此書收尾之處，可說爲一書之序，分五段論敘，最終莊子自敘於後，將自己襯於天下各家道術之後，隱然以古之道術接續者視之。宣穎對本篇之評價爲：「其體大，其色蒼，其致淡超世之文。」

一部大書之後，作此洋洋大篇，以爲收尾，如史記之有自敍一般，朔古道之淵源，推末流之散失，前作大冒中分五段，隱隱以老子及自己收服諸家，接古學眞派，末用惠子一段，止借以反襯自家而已。

二、行文妙處

宣穎對《莊子》一書之文采，佩服至極，對其行文侔色揣聲，寫景摛情，以化工之巧視之，譽爲眞仙才也，眞乃大爐錘手也。故論及行文妙處，宣穎常以妙筆呼之，認爲莊子用澹宕輕搖之筆作收尾，文中拈著透徹，寫出天機浩蕩之境界，文筆淨圓透脫，曲盡自然妙境，是文之聖也。故莊子可謂之天仙化人，隨方渡衆，是文家勝境，茲將宣穎討論行文妙處之部分，列舉如下：

（一）詞令逸品

宣穎以莊文止是隨手澹宕，卻波瀾詭譎，令人欲迷，如〈逍遙遊〉：「堯讓天下於許由」一段中「夫子立而天下治，而我猶尸之」注批「妙！」；「吾自視缺然」下面再批一「妙！」字，本段下面以「詞令逸品！」讚嘆之。宣穎在此將「至人無己」化解萬物的智慧，在堯的「我猶尸之」、「自視缺然」中，得到印證，這才是德修於心，而功被於世；如此虛以待天下的態度，才是「日月出矣，而爝火不息」的眞正意涵，即是無己之妙解。故宣穎在此譬爲「詞令逸品」。

這「詞令逸品」不但妙解「至人無己」之意，並在評析〈逍遙遊〉中，運用其輕搖之筆的方式，描摹了山帶橫空、波瀾詭譎之境，茲列舉以明之。

前文海達扶搖六息，都是說風，卻不曾露出「風」字。

引齊諧中間著此數節，洗發形容，與下語作一隔，如山帶橫空一般。

看此一節，大鵬之所以橫絕南北，直其如此源委，夫脫著鬣於海鳥，張羽毛於天門，乘長風而薄霄漢，擴雲霧而煽太清，斯其超忽，豈復恒境也哉！

止是隨手澹宕之文，卻波瀾詭譎，令人欲迷。

便將前幅隱隱總收，有一葦防瀾之妙，且筆鋒已渡起下文。

（〈逍遙遊〉注）

宣穎又於〈庚桑楚〉：「庚桑子曰：辭盡矣！……子胡不南說老子。」一段下評云：「辭令妙品！奔蜂越雞一句本是一自喻，卻於雞一邊添魯雞數句，影著老子騈宕可愛」。除此之外，宣穎又以「文家樂事」「文家勝境」「文之聖也」道出莊子文采不同之處，以點睛之筆，一一點出文章的眼目，如：

以上凡九小段，譬喻層層剝換，有樹花爭發，春水亂流之勢，文家勝境。（〈大宗師〉注）

接連寫出數層妙境，使人有目不及眨之趣。蟬一層，螳蜋一層，異鵲又一層，已數累之上矣，又轉出虞人逐誶一層，收入當身，如窮幽陟險之後，又轉一勝，眞文家樂事也。

天風之吹一也，所吹則萬有不同，可謂極參差之致也。而風則使之自鳴，且每竅各取一聲以鳴，蓋風雖吹之而有不與也。於不與而極參差之變焉，於極變而仍一不與之妙焉。彼眾竅者，眞以爲自己耶！自取耶？果其自己自取，則意氣未作之先，何以寂然既濟之後，何以又寂然，則怒呺者，非無端而怒也，必有怒之者而怒也，而怒者其誰耶？悟其爲誰？則眾竅于喁，皆不能無待也已，看他四句中，寓無限意思，轉折又極淨極圓極透極脫，文之聖也。（〈齊物論〉）注）

綜合以上所論觀之，宣穎不僅義以貫之，更兼之以「文之聖也」評論莊文行文之妙，辭令之妙。

（二）紅爐一點雪

宣穎將〈齊物論〉中地籟的雜奏，忽而寂收的悄然之境，以萬馬奔趨、洪濤洶湧譬之，後又以秋空夜靜，收結其文之冷峭，直將莊子之心眼所見：萬物萬事只是一片空靈，天下人「終身役役，而不見成功，薾然疲役，而不知所歸，可不哀邪！」明白地理解莊子是「直從明眼慈心，流出一副血淚來也」（〈齊物論〉注）。

宣穎細細吟味莊子爲世人寄痛的深情，認爲莊子透悟「將世人一切知覺形骸，盡爲幻化，使人大失所恃，疊疊感傷」的道理，故由子綦喪我之言，發揮至空靈澹蕩之境，實則是「怪嘆衆生汶汶，反備自己，爲普天一哭！」宣穎的體悟，切中莊子無己、慈悲的眞性情，故〈齊物論〉中用三次的「因」與三次的「明」，剖析生命中無是非、無你我、無高下的眞知卓見，才是超凡入聖的明眼慈心之文。故宣穎認爲「齊物論乃冰壺灌魄之文」、「莊生沸羹之冰雪與！」「將物化收煞，齊物論眞紅爐一點雪也」（〈齊物論〉注），故云：

> 寫地籟忽而雜奏，忽而寂收，乃只是風作風濟之故。以聞起以見收，不是置聞說見，止是寫聞忽化爲烏有，借眼色爲耳根襯尾，妙筆妙筆。
>
> 初讀之拉雜崩騰，如萬馬奔趨，洪濤洶湧，既讀之希微杳冥，如秋空夜靜，四顧悄然。原爲申解喪我，今將地籟、天籟，敷說一番，截然而止，更無一字挽及，末句劈面相詰子游，亦寂無所疑，眞冰壺濯魄之文。
>
> 樂出虛二句，與風竅虛一段配讀之，又一樣希微杳冥，如秋空夜靜，四顧悄然，皆天機浩蕩之文。
>
> 不見其成功妙，不知其所歸妙，經營一生，將謂託業千古，以我觀之，不啻電光石火，霎時影現耳，是何結局耶！

除了〈齊物論〉宣穎以冰雪文視之，〈大宗師〉中，宣穎也以「冰雪文」爲評：

> 親之命可違也，君子之命可竊也，師之命，可不習也，獨有大宗師，這個命布散潑綽，若無心，及一受之，再逃不得，在你絕世聰明，只在範圍之內，須於此處發悟，一切放下，纔有入道之門。莊子點此一字收篇，是特爲普天下學道人，勞攘沸勝中，

惠一卷一冰雪文也。（〈大宗師〉注）

這是宣穎運用文辭的分析後，整理出一透脫清涼的冰雪之境。宣穎認爲莊子以淡然處之的態度，寫出文理的冰雪之義，其實蘊藉在文章背後，是莊子以不斷的錘鍊，而成其紅爐中一篇篇冰雪之文。

（三）大鑪錘手

宣穎以莊子其文，眞「大爐錘手」譬之，使人塵心頓盡，心中灰冷。所謂大爐錘手，即指莊子心手交措，其文雖未明白道之，卻旨意隱躍，將其涵義娓娓道盡，故一切由人間世入手，卻在世相中，提鍊出眞正瑩淨無塵的道之精言，如〈人間世〉一文即如此，云：

七大段文字，不自著一語，而意旨隱躍無不盡，眞大爐錘手。

自首至此，凡引三事，三事內虛也，忘身也，養中也，順也，處世如此，其多方乎！看來忘身亦虛也，養中亦也，「順」之一字，直是天仙化人，隨方渡眾，胸中無半絲隔礙，又虛之至也。人間世之本領如是。

另外〈天運〉：「樂也者始於懼，懼故祟。吾又次之以怠，怠故遁，卒之於惑，惑故愚，愚故道，道可載而與之俱也。」此段宣穎讀後爲之一驚，亦以鑪錘喻之。他認爲此段爲論樂之妙文，說懼說怠，其目的在說人的「惑」，其「惑」亦即是「愚」，故從「懼」字生「祟」，「惑」字生「遁」，其實就是因爲人大多數是由惑生愚，可見求道者，應是不自以爲是，無知則能近道，惟有意識俱亡，才能深入廣漠，漸近自然，雖云：吾喪我，卻能乘道而往，樂在道中矣！故宣穎云：

懼之爲祟也，乍逢盪滌，陡然一驚，是六根震動之第一鑪錘也，怠之爲遁也，天眞躍如，妄力銷鑠，是宿習退捐之進步開頭也。惑之爲愚也，深入廣漠，意識俱亡，是漸自然之火侯將到也，看他說樂，卻說到如此地位去，古人胸中透徹拈著便是也。此五節爲第三段，如此五節論樂妙文，引來止爲一箇愚字，說懼說怠，意止在於惑字一節也，意止在於惑字一節者，意止在於愚之一字也，意止在於愚之一字，故從懼字遞出祟字，從怠字遞出遁字，以便於從惑遞出愚字也。何也？愚故道也。愚故道，可見求道者，無一知半解可自用也，道可載而與之俱，則順之而已矣！莊子之文如此，切不可因中三節之精神絢爛，謂其忽而論樂也，雖然樂不在道之外，謂論樂即論道，則猶之首肯也。

莊文的喧騰，莊文的宕蕩，無不從物事中拈著一份透徹，顯出一段神境，使人除卻塵心，融鑄在世相的種種千變萬化，波瀾滾滾之中，卻神來之筆，以悠揚蘊藉，收鎖全文。故宣穎以「大鑪錘手」譬喻莊子之文。

（四）涼月空霄寫道境

雖然妙道無痕，宣穎卻將莊子描寫「道」字，「如涼月空霄，清光滿映，從字句外直透現出來。」（〈天地〉注），又如「一平如水中味，月中色，妙不可尋。」（〈大宗師〉注），體現莊文寫道境之美，寫道義之深，是「非常解脫之見，非常透脫之文」，信手拈來一一進入妙境，隨處點撥，一切盡成珍寶。

宣穎發覺莊文喜「虛中結撰，閒閒布筆」（〈齊物論〉注）而莊子這種「憑虛結撰，可惜從來昧卻」（〈徐無鬼〉注）的筆法，其實正在彰顯「道」之境、「道」之妙、「道」之美、「道」之「實」，道在天地，似有若無，似浮雲過空，如電光一閃，天人同一化，轉瞬如逝水。莊子以文字變化為表，意在言外，隱隱如有神遇，灰燼中猶有煙氣，在天地有大美而無法以言詮之下，將「道」境如鏡花水月般透露出來，直顯出天機。故云：

行文清機飄渺，連如伯入海成，恍怪去一段神境，使人塵心頓盡。（〈山木〉注）

掃去形跡，獨見神理，其措語精微，一些不犯正意，何啻鏡花水月。（〈天運〉注）

心自何有成之者，則成心之中，妙道存焉。（〈齊物論〉注）

人皆取其糟粕，遺其精華，徇其跡，相忘其神理。道何自明於天下乎？夫道之妙，不可以明言，不可以指測，惟悟眞者得之。（〈田子方〉前言）

摹寫道妙，只是一無，在全部為眞，指奧窔之文，然其虛明解脫，已曲盡文家襯射之妙矣！（〈知北遊〉注）

道在虛無，塵見未超，無怪有物相隔也。不過崑崙，則不遊太虛，妙語創獲。（〈知北遊〉注）

道的虛無，道的神妙，宣穎以爲要以「悟眞」去體會，又應以精神主宰的虛明解脫，運用文章家映襯比喻之法，加以說明之，因此學道人，才會清風明月，一片朗然，做到翱翔於寥廓，旁礴於宇宙，人間至紛之事，視若無事，而遊刃有餘，故宣穎云：

可見古今惟學道人最討便宜，落得此一團和氣，一片明心，清風朗月，猶夷受用，生時星火不犯，死後倒得個薪盡火傳，何至終日煎熬，未幾債盡哉！此莊子言外意也。（〈外物〉注）

得道者便是言一樣，運用身無不化而神與天游也，故與彼更生，更正是與天爲一，與天爲一，正是能移三層只是一意，特反覆發明不朽之事，不在塊然之形耳。（〈達生〉注）

妙道之行，旁礴宇宙，而窮於吾與之徒，謂之何與？夫今之世，猶古之世，今之人，猶古之人也，天生今之億萬人，無異於太古初生之一人也，即機智放紛，而其所爲初者，未嘗不在也。我周旋於億萬人間，如處獨焉，如蹈虛焉，御至紛如至少，視多事爲無事，未嘗有我，未嘗有人，以其太古，遇其太古，亦未有不遊刃有餘者也。雖駢闐逼灰而已，於翱翔於寥廓矣！

宣穎能以文家襯射之眼光，點出莊子運用轉筆之妙，將「道」在有若無、實若虛中隱現，是「予能有無句，據其所以然，即爲無有句，遜其所未足。有無無有，一顚一側，而句意不同，是轉筆之妙也。」又云：「昔人稱畫風畫火便爲絕技，豈若此之畫空乎！」（〈知北遊〉注）宣穎將道體只是一無，詮釋在鏡花水月之中，表露出莊子「畫空」之眞工夫，而讚嘆莊子之筆法是爲絕技，如此解莊亦是宣穎高明之處。

三、句法變化

宣穎在注中，用「句法妙」形容《莊子》文句中能歸結要領，把握文字的寓意。如〈列御寇〉注：「汎若不繫之舟，虛而遨遊者也」宣穎即注：「句法妙！遞如流水歸結在一虛字。妙！妙！」另外，他能由文句的倒裝與反覆摺疊處闡出句法變化之妙。說明如下：

（一）倒裝句法

宣穎能逐句逐字，細細品讀，並提出《莊子》文句中，倒裝句法之處。例如：〈大宗師〉：「彼特以天爲父，而身猶愛之，而況其卓乎！」云：「彼特以天爲父」是「倒裝句法，言人以父生我而載之爲天也。」

又如：〈庚桑楚〉：「是三者雖異，公族也，昭景也，著戴也，甲氏也，著封也，非一也。」宣穎以爲「大宗」蓋同宗乎「道」，而昭景一族、甲氏一族，同出楚公族，是同出而異名，實則應異派而同源，故宣穎在此認爲：「三說皆見道，異派同源也。設喻處先說公族也，後找出三族，煞以非一也。是倒裝文法。」

另外，〈徐無鬼〉：「此順比於歲，不物於易者也」宣穎將「不物於易」解釋爲各囿於物中，而不能相互更易之，這與前面「皆囿於物者」是一樣意思，只是文句用倒裝句法表現之，故云：「各囿於一物，不能相易者，是倒裝句法」，與上文「皆也囿於物者也」這句是一樣意思。

宣穎藉由莊子之倒裝句法，看出句意的重點所在，明白莊子之文，所指爲何。這是宣穎利用文理之法，解析全文的好方法，也是比較科學之法，而非加文、碎字，望文而生義，支離其原意。

（二）反覆摺疊

宣穎常用「翻跌」或「摺疊」解析文句變化。例如：〈齊物論〉：「百骸，九竅，六藏，賅而存焉，吾誰與爲親？汝皆說之乎？其有私焉？如是皆有爲臣妾乎？其臣妾不足以相治乎？其遞相爲君臣乎？其有眞君存焉？」此段宣穎即以反覆翻跌明其文意，先提出「吾誰與爲親」是本段之主，以下由此兩句摺疊，有以臣妾爲親者兩句摺疊；以臣爲不親者，一句摺疊；再以形骸之外的「眞君」，做親與不親的雙摺疊。故云：

緣上節推宕而下，上節無形，此節將有形處翻跌也，似辯似世，一反一復，至末一逗，卻在無形處主張，譬如分雲滿月（吾誰與，先問一句，下而兩句，就親一邊，摺疊兩句，就不親一邊，摺疊一句，就遞親遞不親雙承摺疊，然後點醒。）兩節一轉，纍纍然，如線貫珠，隨筆尖輕弄，不復著紙。

如此解釋莊文，已然揭開莊子文中層層的面紗，對莊子忽而言此，忽而言彼，做了清楚說明。宣穎以折疊反覆的句法變化，來說明其旨，是一個相當具體的解析方式。

四、章法變化

在討論各段各節時，宣穎能以「正反」、「頓挫」、「連環」等章法，剖析出彼此相合或相反的關係，以明其首尾一貫之意。

（一）正反章法

宣穎正反章法之說，見於〈人間世〉：「汝不知夫螳螂乎！怒其臂以當車轍，不知其不勝任也。」宣穎就以螳螂、養虎、愛馬、三喻，作說明。以螳螂一段「一喻反譬，言用己則致禍。」以養虎一段「一喻正譬，言順物則受福。」以愛馬一段「就養虎後又帶一喻反掉，虎至暴而順之則馴，馬易馴而驚之則暴，物其可攖乎！」此三段宣穎認爲是運用正反章法。

又〈駢拇〉：「天下盡殉也」一段，宣穎亦以一正一反論其章法，他將天下盡殉，君子殉仁義，小人殉貨財，「其殉一也」這一小節視爲筆鋒橫處與快處，此節爲一正；下面改變其性於仁義或五味，這也並非「吾所謂明也」這一小節視爲「直此以下，將前幅話說一氣攏來，一反一正，爲迤邐風沓之勢，此節一反。」；下面「吾所謂臧，非仁義之謂也，臧於其德而已矣」一段，這一小節爲一正；再下以「夫不自見而見彼，不自得而得彼者」，這一節「此與下段，只就上文啣尾一氣滾下，又一反」，最後「適人之適而不自適其適」「是同爲淫僻也」又是一正，「結處現出自己，歸來到道德上去，是一篇大章法。」

又〈在宥〉云：文章的「後二大段，又用己意發明，是一反一正。」說明〈在宥〉篇的最後二段一是「世俗之人」的看法，一是「大人之教」的看法，兩者反正對比，旨意在點出

「無」字，即是「物物者非物之謂也」亦是一正一反的章法。

宣穎用一正一反的章法分析莊子，看出莊子行文的氣勢與內容，並綜合其文，歸結到全篇的大章法，宣穎眞具有大處著眼的功力。

（二）頓挫章法

宣穎所謂：「頓挫章法」，見於〈馬蹄〉：「馬，蹄可以踐霜雪，毛可以禦風寒」一段，宣穎以伯樂以燒之、剔之等法治馬，以致「馬之死者十二三矣！」爲一折，再以饑之、渴之等法治之，而「馬之死者已過半矣！」爲再一折，這段用了兩層頓挫，來說明古今治天下者與治馬伯樂，傷馬過半的情形又有何異！

另外〈天地〉：「知其愚者，非大愚也；知其惑者，非大惑也。」一段，宣穎以此段譬喻連連，如「不至惑者勝也」爲一喻，「折揚皇荂，則嗑然而笑」又插一喻，至於二人擊俗樂而古樂不行的「二缶鍾惑，而所適不得矣！」爲又插一喻，到「厲之人夜半生其子」是又帶一喻，宣穎以這數段譬喻連成一頓挫之章法，最終在於「汲汲然唯恐其似己也！」顯現出天下雖惑，但亦憂同蹈於惑，作全段轉而寬之的頓挫收煞之章法。故云：

深痛末俗，迷於至德，愈趨愈失，不可復挽，看他用譬喻數番頓挫，不勝留連致傷，至末一轉，卻就無可奈何中，忽用自寬，此是老莊勝場，不然幾無收煞也。忽我一喻，陡住章法峭絕。

宣穎以頓挫形容莊子一文，在接連而至的比喻中，其實表現的即是以頓挫方式，顯現出既寬泛又收煞的文氣，故宣穎以「章法峭壁」讚美莊子文意收煞得好。

（三）連環章法

宣穎用「連環章法」比喻莊子，見於〈在宥〉：「聞在天下，不聞治天下也……何暇治天下哉！」一段，宣穎提出，此段共分四小段，章法連環，相互呼應！他以「天下不淫其性，不遷其德，有治天下者哉！」是爲「在宥之妙如是」；下面堯桀之例以說明三代以下，「何暇安其性命情哉？」爲一段「治天下之弊如是」；再下一段「天下將不安其性命之情之八者，乃始臠卷傖囊而亂天下也」，此段是「言治天下之弊更如是」，最後以「君子不得已而臨蒞天下，莫若無爲。」是在宥之秘訣，使身內著精神而萬物自化，此段「轉言在宥之妙更如是。」故宣穎以「蓋四段章法連環相應」稱之，故云：

第一段但言「不聞治」，此更言「何暇治」則意更近裡入細矣！玩本文可見者，身內有極精進處，不是一味廓落而已！（〈在宥〉注）

另外，宣穎並以〈則陽〉篇爲例，提絜出莊子文章中連環輕鎖之處，借著隱攝閃爍之筆，旁敲與鋒芒刺人之意，是其絕妙章法。其註釋如下：

彭陽求他薦剡，即開口説我不若公閱休，將謂閱休，不知是何等巧宦人，及寫來，卻外清高，便輕輕頓住，劈入凍者一段，不知是譏彈夷節，不知是譏彈彭陽，使聽者自家理會，干進已是大病，況干進於暴主之前，豈非病昏而然乎！除非是佞人以術迎之，除非是正德以道化之，二者之外，彭陽固斷不宜干，他人亦斷不敢薦也，佞人一邊，固不足道其失，有上面一番鄙薄，已暗使夷節承當了去。正德一邊，將聖人一段申寫，便忽用彼其數句，接入公閱休，分明是先將彭陽提佞人，後將閱休承正德，中間佞人正德，便是連環之鎖，絕妙章法變化也。寫公閱休有兩意，寫他盛德足以化人，或可與楚王接譚，是旁意寫他高間不入世趨，於人心相遠，是正意。大約俱作閃爍透射之筆，似乎蘊藉，實嚴冷之至也，曲折間鋒芒刺人，是一篇妙絕國策文字。（〈則陽〉注）

此處，宣穎認爲彭陽欲薦己於楚王是「病在貪富貴者，不知暴厲之可畏也」，人能隨暴厲君主，而不怕攖其鋒的，恐怕只有佞人與正德之人如此，莊子以公閱休比喻成抱德高閒之士，與彭陽的求取名利的愚昧，兩相對照之下，立刻諷喻出彭陽只是佞人罷了，而公閱休才是正德之人，如此曲折變化的筆法，宣穎直比作「妙絕國策文字」。

(四) 翻落章法

宣穎「翻落章法」之說見於〈德充符〉中有云全文章法「只是一翻空反跌之法」，以說明莊子以文爲戲，全文是一翻空反跌之法。又見於〈天地〉：「孝子不諛其親，忠臣不諂其君」一段，宣穎以「君之所言而然，而行而善，則世俗謂之不肖臣」爲一翻，以「世俗之所謂然而然之，所謂善而善之」一段爲一落，以「謂己諛人，則勃然作色；謂己諛人，則怫然作色」是爲又一翻，以「終身道人，終身諛人」爲本段之落，因此文章就在翻落間產生波濤洶湧之感，故宣穎云：

忽然借臣子說諛，以形容人情導諛，一翻一落又一翻一落，文情浮空而起，然後落出人君媚世，把一愚字煞服他，初讀之奇，再讀之爽，瀾翻波湧層層歷落，使人目不及瞬。

宣穎得莊子書中章法之美，能點出正反、頓挫、連環、翻落等章法，另外於〈山木〉篇前言，說到「逐段敘來，自爲章法」見出莊子書中，文章奇緻的美感。這句「自爲章法」正是引導後學者，藉由宣穎的說明，更加了解莊子文氣的變化，汪洋自恣中，仍可見出其中的奧妙與端倪，此影響最大者，應是張默生對莊子文體的體會。❾

五、修辭之美

宣穎以爲莊子一文，參透道體，如以三言兩語，欲曉暢其言，是不足以說明的，故以各種修辭技巧加以蕩漾其義，委婉道出，層層披剝，使道體在言外之意，神行而相遇。故多方運用修辭之技巧，如「有時罕譬之，有時傍襯之，有時反跌之，有時白描之，有時緊刺之，

---

❾張默生：〈莊子研究問答〉《莊子新釋》，將莊子文分爲四等，其中所謂第二等作品，在篇中各自成篇者，即宣穎所云「自爲章法」。其餘的相關看法，容以後再詳爲蒐集，作單篇論文報告之。（濟南：齊魯書社，一九九三年二月一版，一九九六年七月二刷），頁七。

有時寬泛之。」（〈莊解小言〉）以下就宣穎歸納之修辭技巧，說明如下：

（一）譬喻

所謂譬喻，借彼喻此之謂也。宣穎認爲：「莊子之文，長於譬喻。其玄映空明，解脫變化，有水月鏡花之妙；且喻後出喻，喻中設喻，不啻峽雲層起，海市幻生，從未無人及得」（〈莊解小言〉）故由宣穎解莊文之譬喻，有喻後出喻，喻中設喻等變化，而莊子文章設喻搖曳而變換不覺，宣穎比之爲天仙奇想，云：「設喻之妙，沁入至微，除是天仙，斷不能奇想到此」（〈齊物論〉注）而觸手即成雋永之文字，故宣穎特以「莊生取喻，眞乃無奇不到」「譬喻層層剝換，有樹花爭發，春水亂流之勢，文家勝境」（〈大宗師〉注）推崇之。

宣穎分析莊子的譬喻修辭第一種是：「喻後出喻」。例如：〈德充符〉：「仲尼曰：丘也嘗使於楚矣！適見豚子。食於其死母者，少焉眴若，皆棄之而走，不見已焉爾，不得類焉爾。」一段宣穎即云「人乎一喻，又帶兩喻，先作反跌，接連平兩喻，又作正襯。」將豚子食於死母之例作爲設喻，一喻之後又以刖者無本無足作爲反跌，再以天子之諸侯，取妻者做爲另一喻，此二個正喻作爲兩個襯筆。此即是「喻後出喻」。

第二種譬喻法是：「喻中夾喻」。例如：〈逍遙遊〉先說鯤化爲鵬，鵬南徙而九萬里，借水再喻風，又敘蜩鳩，宣穎則以「文復生文，喻中夾喻」形容之：

前半篇只是寄喻大鵬所到，蜩鷽鳩不知而已，看他先說鯤化，次說鵬飛，次說南徙，次形容九萬里，次借水喻風，次敘蜩鳩，然後落出二蟲何知？文復生文，喻中夾喻，如春雲生起，層委疊屬，遂爲垂天大觀。

宣穎認爲喻中夾喻，可使文章產生奇絕之美，一會兒氣降，一會兒意悚，下下子神超，猶如層峰起伏，峭壁斬然，文章充滿了奇致之美。

宣穎分析莊子書中第三種譬喻法：「影喻」。宣穎認爲莊子取喻，無奇不到，有千百種映揷之妙，他以〈人間世〉：「仲尼曰：天下有大戒二，其一命也，其一義也。」一段云：

乍讀兩大戒，謂是以忠孝竦動諸梁，及讀至下，乃知是兩箇影子，以君影心，以子臣影身。爲人臣子句，正接說身事，心一邊事，不過借用臣子字，而切勿誤認之，莊子取喻，眞乃無奇不到，其映揷之妙，有千百伶俐。

又例如：「支離疏者，頤隱於齊……又況支離其德者乎！」下注云：「支離其德不中世俗用者也，逗正意。」「此節借人形第三喻，漸切身矣，故末句將正意一影。」此處的影喻是說明將主旨義涵在句中點明，支離疏一喻，在宣穎之分析是繼櫟社樹木第一喻，大木材與不材的第二喻，加上支離疏的第三喻，收結於接輿一歌共引四事，直明正意作收，而以「支離其德」作為主旨之影喻。

譬喻在宣穎看來，是莊文中最擅長的修辭之法，宣穎亦能看出譬喻的不同、產生的效果迥異。故以喻後出喻、喻中夾喻、影喻等解析之。

(二) 映襯

凡用兩種相反之觀念或事物，使其語氣增加，或意義明顯，以加深印象者，謂之映襯。而映襯之作用，在於增強語氣，使意義更明顯⑩。宣穎點出莊子一文以襯取譬處，例如：〈逍遙遊〉云：「小知不及大知，小年不及大年」一段，宣穎云：

---

⑩見蔡師宗陽：《莊子與文學》（台北：文史哲出版社，民國七十二年九月），頁一七八。

以上若干文字，只爲要點小知不及大知一句，卻即忙又襯一喻，作排句蟬聯而下，恍洋自恣之甚也。

此節只是陪襯小知不及大知，見得於年亦有然者，並非又敘一事也。此處已風沓收束前半篇矣！

在此宣穎以映襯的筆法，說明莊子書中，用映襯收束全文，且意有所指，如不識得，就會陷入五里霧中，以爲別有所指。故說：

點小知不及大知，便可收束，卻又出生小年不及大年，作一配襯，似乎又別說一件事者，令讀者不能捉摸，眞古今横絶之文也。

以小年大年，襯明小知大知，大勢可收束矣，卻又生出湯問一段來，似乎有人謂齊諧殊不足據，而特以此證之者，試思鯤鵬蜩鳩，都是影子，則齊諧眞假有何緊要耶？偏欲作此誕謾不羈，消洋自恣，然後用小大之辨也鎖住，眞古今横絶之文也。

宣穎頗讚賞莊子運用映襯之筆，襯剔發明，故於〈逍遙遊〉前言處即認爲莊子以襯筆明事，看之似乎說一件事，實則襯明主旨，令讀者不能捉摸，故宣穎反覆讚嘆爲「眞古今横絕之文也！」

（三）設問

所謂設問者，胸有成竹，而故意提問或激問者也。凡提醒下文而問，謂之提問，此一問一答者也；凡激發本意而問，謂之激問，此問而不答者也⓫。設問之作用，用以引出下面之對答，而其優點爲：不用正面命令語氣，而用側面商量方式，使讀者自得其解，比較切實，而更加肯定。

宣穎對莊子書中運用設問者，如〈天下〉：「古之道術者，果惡乎在？曰：惡乎不在。曰神何由降，明何由出？聖有所生，王有所成，皆原於一。」宣穎在「果惡乎在？」下云「設問」又在「明何由出？」又云：「又設問」即點出設問兩次，明其文以設問方式敘其旨意。

其實莊文中設問之處非常多，只是宣穎並未細加解釋，可見得宣穎著重之處，以修辭而言重在譬喻、層遞、映襯等，對於設問，較少發揮。

⓫參黃慶萱：《修辭學》，（台北：三民書局，民國六十四年一月初版、民國六十四年一月初版、民國七十二年十月四版），頁四四－四九。

（四）層遞

層遞，指的是：凡由低而高，由近而遠，由小而大，由少而多，由淺而深，由本而末，或由高而低，由遠而近，由大而小，由多而少，由深而淺，由重而輕，由末而本，層層遞增者，謂之層遞。層遞可使文章一貫次序，合乎邏輯，層次更加分明。

宣穎對《莊子》書中運用層遞處的說明，亦不尟矣！如體道、識道的部分就以層遞法論述，此外又如：〈齊物論〉：「物無非彼，物無非是。自彼則不見，自知則知之。故曰：彼出於是，是亦因彼。彼是方生之說也，雖然，方生方死，方死方生；方可方不可，方不可方可；因是因非，因非因是。是以聖人不由，而照之於天，亦因是也。」宣穎即在下面注：

此節亦有四層：無彼此是第一層。

生彼此是第二層。

是中有非，非中有是，是第三層。

是非總不是，由推因爲妙，是第四層。

（〈齊物論〉注）

另如〈天運〉：「孔子西遊於衛」一段，宣穎，將文分六喻以六層剝換，遞相轉出深意。他以夫子用過時之陳跡立言，故「夫子圍於陳蔡」是爲第一層；不知「應物而不窮」的道理，是爲第二層義；人不明如何「俯仰而不得罪於人」是爲第三層義；應明「禮義法度者，應時而變者也」爲第四層義；不明「觀古今之異」終日以古非今，是爲第五層；「知美矉而不知矉之所以美」，不明究理者，是爲第六層義；層層入裡，明其應「時」之深義，故云：

言受其顛倒入手一喻，言過時之陳跡，不足用也，爲第一層。

又一喻，言陳跡之不足用者，以古今時宜之異也，爲第二層。

又一喻，言違時宜者有殃，惟因時俯仰則無咎也，爲第三層。

又一喻，言所貴於因時俯仰者，看過往聖人皆各各因時者也，爲第四層。

又一喻，反掉言設，使不順時宜，其弊必致毀裂也，與舟車一喻變換迴環，爲第五層。

目嘗非美也，所以美者，在美人則然也，又一喻。言不過時宜者，陷知其故也，爲第六層。

此段爲第四段，骨子止是一「時」字，卻連用六樣譬喻，作六層剝換，層卸層轉，如

赤城霞起，鮫珠落盤，為異樣圓滑，璀燦之文。（〈天運〉注）

又如〈達生〉：「雖不足爲而不可不爲者，其爲不免矣……反以相天。」一段，宣穎以棄世爲本段主意所在，而棄世可分之三層境界，其層層遞論，洗發出世人處處備物，實則皆僨困之事，人應著重與天爲一，而非只是養其形體。故云：

提醒世人第一著是棄世之妙作三層：洗出無累正平，與彼更生，是一層，死未明無累正平與彼更生之故，又推出形不勞，積不虧，與天為一是一層，恐未明形全精復，與天為一之故。又推出形精不虧，是謂能移是一層。與彼更生也，與天為一也，是謂能移也。究境只是層句耳，特措語入微，故疊疊洗發。

這層層的敘述，是莊文與先秦的文論，大不相同之處，一般的讀者，閱讀到此，皆霧中看花，不明所以；但宣穎獨能解釋得層層入裡，清楚明白，無論道體、義理、文理，無一不讓人明白莊子之義，是宣穎以文解莊的特色之一。

小結

宣穎能體會莊子一派鋪寫下，忽添忽減，隨手錯落，筆勢跳脫中，曲盡文章妙意，寫到精微入裡之處，雖以修辭、筆法、章法爲表，以剖析莊子之文，但其蘊藉其深義，則在摹狀以畫空，寫物事以道眞宰，將莊子道義的幽邈廓落，經由分析擘理中，由文理入義理，由文采解其無所不在的「道」義，由文義的商量、解析，而融攝入邃密、堅實的「道」中。故宣穎直揭莊子筆法「其眼光直是最高，其筆力直是最辣」「一線穿去，一段生一段，波瀾滾滾，然至束筆處，皆故作悠揚蘊藉，另是一格。」宣穎理解莊子其文乃哲理與藝術的合金，申其設喻奇妙、命詞的瑰麗，造成文筆豐美多彩，並能結合感性與理性，以具邏輯性的分析，顯現出眞善美的意境，將藝術想象與哲學思維水乳交融在一起了。因此黃師錦鋐云⑫：

⑫黃師錦鋐：〈從感情、理智、科學的角度，看莊子的文學〉（幼獅月刊，第四十一期民國六十四年六月）頁五二－五六。

莊子的文學，是情感的美、理智的善、科學的眞三者緊緊的結合在一起，就像細砂、和水調和起來，凝固成一個完美的整體。

宣穎深諳莊子文學上的美與思想上的眞，凝結合二者，注入莊子文義的詮釋中，而今人王鍾陵卻認爲⑬：

宣穎等《莊》學家，僅知從章法運筆上去分析《莊》文，而不能從深層次的思維和表達方式來加以理解，對於寓言和比喻，他們僅僅只是將之看作爲一種文學手法。這其實也是今日眾多《莊》學研究者都存在的缺陷。

這樣的論述，恐怕未切中宣穎釋莊時，援儒以入莊，以文評莊，合觀二者之要義，而求爲以文理解莊文，以義理明莊旨，其眞正意義所在。

⑬王鍾陸：〈《莊子》中的大木形象與意象思維〉（中國文哲研究集刊，第十三期，民國八十七年九月），頁二七九。

第七章《南華經解》之評價

第一節《南華經解》歷史之評價

宣穎《南華經解》爲清初康熙六十年之作，以「循其窾會，細爲標解，而不以我與焉」的原則，將莊子本來面目復見於天下，並標榜「予謂莊子之書，與中庸相表裏」其書以純粹儒者的觀點詮釋《莊子》，康熙之後，注莊者推崇備至，加以引用，尤以王先謙《莊子集解》引用七百七十四條❶，用得最多，影響最鉅，然而清《四庫全書》〈經籍考〉未曾著錄本書，可見得此書未得清代官方學者之重視，但由於近代注莊者反覆引用，如關鋒譽爲「清人解莊中不可多得者」❷，錢穆先生以「活趣盎然」、「頗費淘洗之功」讚之❸，可以觀出

❶見賴仁宇：《王先謙莊子集解義例》，國立臺灣師範大學碩士論文，一九七六年六月。頁一〇六。
❷見關鋒：《莊子内篇譯解和批判》（北京：中華書局，一九六一年六），頁三八〇。

其注疏有著特殊的價值與不朽性，故直就歷史上之評價加以論述。

一、官方未曾著錄

《南華經解》爲康熙六十年成書，但查《四庫全書總目提要》及《續修四庫全書題要》皆未著錄此書，清高宗乾隆敕令纂修之《清朝文獻通考》及《清朝續文獻通考》〈經籍考〉子部中亦未著錄《南華經解》，而《四庫全書總目提要》子部、道家類存目中著錄清代注莊之書，僅列六家如下：

書名	作者	成書時間	內容	特點
南華評注	張坦	康熙十七年戊午（一六七七）	不分卷內七篇	其注僅徐增之說唐詩，其評亦金人瑞之評西廂記、水滸傳如而已
莊子解三卷	吳世尚	康熙五十二年癸巳（一七一三）		引莊子而附之儒家，且發揮其文字之妙觀。

❸見錢穆：《莊子纂箋》（台北：東大圖書公司，一九六八年一月），頁四。

南華通七卷	孫嘉淦	不詳	內七篇	以時文之法評之，使起承轉合，提掇呼應，一一易曉，中亦頗以儒理文其說。
南華本義二卷	林仲懿	不詳	內七篇	語多附會、詮釋亦多類金人瑞、徐增之流。
南華簡鈔四卷	徐廷槐	雍正七年庚戌（一七三〇）進士		以取所需論文論理，純以妙悟不測爲宗篇章詮釋，大抵原本禪機，自矜神解也。
南華摸象記八卷	張世犖	乾隆八年甲子（一七四四）舉人		以禪解莊。是直修改莊子，非莊注釋子。

《續修四庫全書題要》中道家存目，清代注莊者列十家：

書名	作者	特點
莊子解一卷	吳峻	言易理、講易卦、莊子是儒非道。

莊子識小　郭　階　以儒解莊。

讀莊子札記　陶鴻慶　訓詁解莊。

莊子集釋　郭慶藩　由聲音以通訓詁，因章句而求其大義。

莊子王氏注二卷　王闓運　注解多以己意，不盡依舊注，分卷置序有芟薙。

莊子點勘十卷　吳汝綸　歸引方以智、釋德清、姚鼐諸家。

莊子集解八卷　王先謙　參合諸說，互推短長，取大從簡。

莊子故　馬其昶　廣收各家見解。

莊子札記　武延緒　詳細校正，又通以古訓

莊子平議　俞　樾　重視音訓。

考察著錄於《四庫全書》的《莊子》注，多半以義理思想爲主，對以詞章解《莊》者，以開新境之書，多充滿貶抑之詞。《四庫全書》中清初以詞章解莊者，如張坦《南華評注》，其評價則認爲「其以詞章、小說評莊云：注似徐增之說唐詩，其評亦如金人瑞之評西廂記、水滸傳而已」，把本書「以莊子爲風流才子，可知其所見矣！」《四庫全書總目提要》的評論，視張坦所見甚淺！另外如林仲懿《南華本義》，是以理學解莊，附會《太極圖說》，但因詮釋方式類似金人瑞以文評莊，因此被《四庫全書》評爲「語多附會」；孫嘉淦《南華通》七卷，雖以時文之法評莊，其中又以儒理文飾其說，可說是以儒又以文解莊者。可知《四庫全書》對解莊者以文評莊，並不贊同，甚至以見識太淺視之。

《四庫全書》中對義理解莊者，如吳世尚《莊子解》開卷即云：「莊子自名其書曰《南華經》」，《四庫全書》表示：作者只是根據《唐書、藝文志》的說法，顯然未加以考證；又認爲：吳世尚認爲解莊者以林西仲解莊最爲可觀，是不知道古代有向郭之注，因此《四庫全書》對吳世尚的評價不佳；另有雍正八年（西元一七三〇年）進士徐廷槐《南華簡鈔》，被《四庫全書》稱之爲「自矜神解」「論文論理」；張世犖《南華摸象記》則以爲是以禪解莊，直接修改莊子，《四庫全書》對這幾本解莊之書，評價都不高。

清初學風，是變宋明義理之學而爲樸學之過渡期，由以上《四庫全書》對解莊之書，無論著重義理或文學方面，都不給予正面的肯定，可以看出以義理闡發莊子者，此時已成式微之勢，尤其莊子的逍遙自適，對中央集權的清政府而言，是具有無政府色彩的，故對莊學的不重視，成爲必然之勢。

但解莊之作，仍默默的進行著。《四庫全書》並未收錄的書，如王船山《莊子通》、《莊子解》、林雲銘《莊子因》、傅山《莊子批注》、宣穎《南華經解》等，紛紛展露出不凡的色彩。何以《四庫全書》偏偏不予以著錄呢？也許是因政治上觀點不同，如王船山、傅山者，以明遺老自居，抗清不成，編《四庫全書》之儒者，或許因此而不錄其書；至於林雲銘、宣穎，是否也有相同的緣故，因爲没有文獻上直接的資料，不敢遽下斷言，但由清初對江南復社事件的箝制，抗糧事件的處置，身處南方之宣穎、林雲銘或許亦有參與，故官方對其書不予著錄，此論點留待以後，若有相關之證據，再做完整之說明。

二、清人推崇備至

雖然《四庫全書》並未著錄《南華經解》，然而康熙以後注莊者，卻推崇本書，加以學習，有暗用宣語以解莊，甚至明褒宣穎，引證頗多。可以分爲學習其以儒解莊、以文評莊、援用宣穎之注解影響者等三部分。

其一學習宣穎《南華經解》以儒解莊。認爲莊子受業於子夏之門人，直爲孔門中人，這種觀點，是承自韓愈而來。宣穎師其意，卻另以心齋坐忘直揭孔顏心學，非仙非佛，乃功在六經，承此援儒以入莊之說的清儒不乏其人：例如陸樹芝《莊子雪》，乃力言莊子是維護孔門者，其〈讀莊雜說〉云：「莊生者，方外之人也，而其學實無所不窺，既恐先聖之道寖以微滅，又重悲夫惑於異說者之迷而不知返也，於是乎抗懷高寄而作南華。南華者，以異說異，而功在六經也。」❹這「功在六經」的看法，則完全與宣穎的觀點相同。

❹（清）陸樹芝：〈讀莊子－雜說〉《莊子雪》（嚴靈峰編：《莊子集成續編》三十四册，台北：藝文印書館），頁一八。

又如姚鼐《莊子章義》，基本觀點乃認爲莊周「承孔氏之末流」、「莊子之書言明于本數及知禮意者，固即所謂達禮樂之原而配神明，醇天地，與造化爲人，亦志氣寒乎天地之旨」❺，姚鼐明確地表現以儒釋莊的傾向，以神明達禮樂之原，與天地造化相合的觀點，與宣穎「人心可通於天」之看法相同。

另有方文通《南華經解》，由其書名來看，就已與宣穎相同；再由內容觀之，其解莊又牽合孟子，如謂「逍遙遊」即是孟子立大體意；「培風」「御氣」即是孟子養氣意❻。這裡將孟子存心養氣比喻莊子之逍遙，此解與宣穎解逍遙之心學部分完全相同。

劉鴻典《莊子約解》四卷，自序：「莊子受業於子夏之門人，則其所學猶是孔子之道。孔子之言性與天道不可得而聞，而心齋坐忘直揭孔顏相契之旨。」《莊子約解》云：「太史公謂莊子之學要歸本於老子，而具區馮氏謂莊子爲佛氏之先驅，人遂疑莊子之不與儒類。不知道之大原出於天而人得之以爲人，天下無遁於天之外而自成一種之人，即無遁於道之外而自成一家之學，後人癖於二氏，反於儒之外求道，而不知充儒之量，二氏固不能出其範圍。語云：『通天地人爲儒』若莊子者可謂眞儒矣！」劉鴻典的「心齋坐忘直揭孔顏相契之旨」、

---

❺（清）姚鼐：《莊子章義、序目》（嚴靈峰編：《莊子集成續編》三十五册，台北：藝文印書館），頁六。

❻（清）方文通：《南華經解》（嚴靈峰編：《莊子集成續編》三十六册，台北：藝文印書館）卷首，頁三。

「具區馮氏謂莊子爲佛氏之先驅」，而將莊子以「眞儒」視之，這些論述，簡直與宣穎如出一轍。

其二學習宣穎《南華經解》以文解莊。宣穎分肌析理，以庖丁解牛分析莊子，明白骨節筋脈所在，而批釁導窾，犁然分之，期以文理曉暢莊義，最終目的在於「窾會分明，首尾貫穿」，領悟莊子目無全牛，然後能盡有全牛的方法，轉移到運用文理以解莊。後世注莊者受到影響的亦不少。

如劉鳳苞《南華雪心編》，很推崇宣穎的注解，謂「宣茂公分肌析理，論文最詳」；故篇中證引頗多，其註釋形式法乎茂公，云：「茲依桐城宣茂公義例，於各段另起處，用大圈以清界限。」❼劉鳳苞直揭《南華經解》以文評莊之特色，並仿其體例特色以評莊，學習宣穎注《南華經解》風格；援用《南華經解》之看法，甚至其語辭與《南華經解》相同或相似，皆可觀出《南華經解》，能獨樹一幟，走出自己義理風格，以開闢解莊之新境，並影響注莊者的痕跡。

又如陳壽昌《南華眞經正義》，陳鼓應先生在《莊子今註今譯・前言》中提出：「清代陳壽昌《南華眞經正義》，時而也有自己獨得的見解，但抄錄宣穎《南華經解》之處太多。」

---

❼（清）劉鳳苞：《南華雪心編》（嚴靈峰編：《莊子集成續編》二十四册，台北：藝文印書館）。

❽考查《南華眞經正義》於凡例中云：「寓言中又有寓言，自來註莊者未道及」❾可是此語明明與宣穎《南華經解》〈莊解小言〉：「喻後出喻，喻中設喻」相似，又云：「是編層層解剝，不主故常」，則與《南華經解》（〈秋水〉注）中：「一層近似一層，如剝蕉心」之形容亦相同，可知陳壽昌的確有許多地方學習宣穎的。

另外《南華經解》中「論其文」的散文評析研究，後人亦以宣穎、林雲銘，成果最爲豐碩，最爲稱道。宣穎認爲要瞭解《莊子》對於書中結構，命題之意，文字的玲瓏，如水月鏡花的譬喻等都應深究，此種「以文評莊」之風氣綿延不絕，一直到乾嘉以後如高秋月《莊子釋意》❿對莊子之文詳加圈點評論，又對於文辭方面非常留意，每篇篇末則引用歸有光、憨山、林西仲（雲銘）的評語作結。又如胡文英認爲讀《莊子》如泡酒一般，久久氣味自出，因此在注解時要「如演雜劇一般，生旦淨丑，各各還他神氣。」（《莊子獨見．讀莊針度》）⓫；這些注莊者，能領略莊子文學與哲學融合的美學新境，並融入注莊的內容之中，可說都

---

❽陳鼓應注譯：《莊子今註今譯》（北京：大華書局，一八七三年四月第一版、一八八六年七月第六刷），頁一。
❾（清）陳壽昌：《南華眞經正義》（台北：新天地書局，一八七二年十一月初版、一八七七年七月再版），頁五。
❿（清）高秋月：《莊子釋意》（嚴靈峰編：《莊子集成續編》三十一冊，台北：藝文印書館）。
⓫（清）胡文英：《莊子獨見》（嚴靈峰編：《莊子集成初編》二十一冊，台北：藝文印書館），頁五二一。

是由清初《南華經解》的啓示，開啓了後世注莊者，發揮「論其文」的注莊特色。其三援用宣穎之注解者。宣穎《南華經解》雖未著錄於官方叢刊，亦不爲當世所著稱，然而後世注莊者，沿用其義，或引用《南華經解》的注解者非常多⑫，如：

屈復《南華通》七卷，注解內七篇，注釋簡練，大旨如宣穎。

何如漋《莊子未定稿》，嘉慶七年刊本，中國科學院圖書館藏有此書。此書大旨與林希逸、宣穎同，引宣穎解較多，並甚推崇之。該書亦略有發明，頗簡練。

席樹馨《莊子審音》，全錄《莊子獨見》，略採《南華經解》、《莊子雪》（光緒年間刊本）。

馬其昶《莊子故》亦有引宣注十九條。並依宣本將〈讓王〉等四篇屏諸各篇之外。

另外王先謙《莊子集解》，是其中引用最豐，而影響最大者。是書以儒家之觀點，評莊子之懷抱，以簡要爲主，其便於初學，後人雖以疏漏來看王先謙《莊子集解》，然而其書流傳至今，仍然不衰，亦可見其價值。是書引述前人之治莊者共計二十餘家，引經史諸子之

---

⑫關鋒：《莊子內篇譯解和批判》（北京：中華書局，一八六一年六月），頁三七七－三八六。

，約四十餘種，於宣穎《南華經解》採擇特多，計有七百七十四條。錢穆先生認為：宣穎《南華經解》活趣盎然，而「王先謙《集解》采摭宣書，頗費洗淘之功。」

由上述得知，宣穎《南華經解》雖然官方並不重視，但卻受到後來注莊者之認同，由注家以儒解莊的討論、得到其書以文評莊的啓示、文章章法的靈感、以及反覆引用宣穎《南華經解》之注解得知，其書應具有不朽之看法，才能歷久而彌新，經得起時代之考驗。

三、學者評騭不一

《南華經解》一書自從其學弟張芳作序以來，清人及近代的學者，對此書有推崇其義理思維者，有議論其比附牽強者，有崇尚其以文評莊者，有譏笑其兔園冊子習氣者，褒貶殊異，茲就學者之評價與討論，以正面評價與反面論述討論如下。

認為《南華經解》是注書與著書契合，能將書籍中著者之心，兩相契合者。如張芳在《南華經解》序即云：「然後從而讀宣子之解，我知渙然冰釋，怡然理順，彼堯桀之誹譽，儒墨之是非，斯默然其自止矣！是書之行，其有功於孔孟甚大，曷可少哉！」江藩在重刊《南華經解》半畝園刊本時，更以《南華經解》「能使莊子著書之心躍躍紙上，蓋不獨為漆園功臣。」譽之。對《南華經解》有相當高的評價。云：

著書難，注書尤難，道無深淺，見道有深淺，縱吾心與目之所至，以成一家之言，期於闡發道之精蘊，苟非以己之心仰窺夫著書之心，與之契合無間，則注與不注等。近得句曲宣氏茂公所著，南華經解鈔本，句梳字櫛，篇解節釋，能使莊子著書之心躍躍紙上，蓋不獨爲漆園功臣。自有此解，前乎此者可盡廢，後乎此者可不作，莊叟有知，亦當相視而笑，莫逆於心。（半畝園刊本《南華經解．江藩序》）

江藩非常推崇《南華經解》，認爲此書能契合莊子之心，即使莊子再世，也會與宣穎相視而笑，莫逆於心，有了《南華經解》一書，以前人的注解都可以廢棄之，以後的注莊者也不必再做了！這是何等的欣賞《南華經解》。半畝園刊本卷末，另有胡志章《南華經解．跋》他說：

既逐句逐字疏解其文義，復於每篇之前，每節之後，暢發所以著書名篇之意。標新領異，索隱鉤深，以神遇、以意會，不啻起莊叟於九京，同堂晤對，互相酬答。而開卷逍遙遊，至人無己三句，所論與鄙見不謀而合，夫然而南華眞面目，如披雲霧覩青天，而末學膚受，得此印證，亦庶幾循塗守轍，不誤於歧趨矣！

由上述可以得知，宣穎《南華經解》清儒的評價是很高的。近人對宣穎《南華經解》也是推崇備至，如黃師錦鋐云⑬：

郭、宣注莊長於義理，王、俞治莊，長於訓詁、校勘。

錢穆《莊子纂箋》⑭更譽爲：

此書猶未脫明人習氣，俗冗較遜於林雲銘，而活趣盎然。王先謙集解采摭宣書，頗費洗淘之功。

六十年代大陸學者關鋒以「清人解莊中不可多得者」⑮譽之。云：

---

⑬見黃師錦鋐：《莊子及其文學》（台北：東大圖書公司，民國六十七年七月初版，民國七十三年九月再版），頁二五七。

⑭錢穆：《莊子纂箋》（台北：東大圖書公司，一九六八年一月），頁四。

⑮見關鋒：《莊子內篇譯解和批判》（北京：中華書局，一九六一年六月），頁三八〇。

此書為清人解莊中不可多得者，承林希逸等人解莊之義，多有發揮。宣力斥因字、因句、章取義之注，而注意文字結構，從整體著眼，悟得莊子哲學之旨；但極服膺莊子，受毒甚深；多大發感慨，或亦時代使之然耳。近人研究莊子者，多認為為宣書只是論莊子文章。此書未得近代注莊者重視。

（關鋒《莊子内篇譯解和批判》）

宣穎《南華經解》是以儒解莊詮其理，在理論上王安石、蘇軾雖已建立莊子「陽擠而陰助」的學說，但眞正大量直接引用儒家的概念論斷來與莊子對照，細致的證實其說的，則是林希逸《口義》，明清以來，宣穎《南華經解》即踵其英華而竭力調合莊儒矛盾，期莊子「大綱領、大宗旨未嘗與聖人異也。」⑯關鋒認為宣注解莊承宋、林希逸，明焦竑而多所發揮，陳鼓應先生亦同意此觀點，並發現其注文受到林希逸《口義》、林雲銘《莊子因》之影響。故云：

宣穎的注解簡潔精到，很受近代人推崇。

---

⑯（宋）林希逸著，周啓成校注〈發題〉：《莊子鬳齋口義校注》（北京：中華書局，一九九七年三月），頁二一。

宣解中偶而也發現和林雲銘莊子因注語相同處，進一步核對，可發現林、宣之注，受宋代林希逸口義影響很大，有時注文也直接引自口義。

（陳鼓應《莊子今註今譯》前言⑰）

但是，也有學者認為宣穎《南華經解》是以評文的方式，評論莊子思想的精髓，是不恰當的。例如吳康《老莊哲學、附錄》⑱云：

此書卷首有莊解小言，旨在標揭莊子文章之妙；遂於郭註，亦有微辭，謂郭子玄竊據向註，今古同推，要之亦止可間摘其一二句標玄耳。至於行文妙處，則猶未涉藩籬。又謂古今同推郭註者，謂其能透宗趣，愚謂聖賢經篇，雖以意義為重，然未有文理不能曉暢而意義得明者，此愚所以不敢阿郭註也。若諸家之餖飣舛謬，又不足道。莊子之文，長于譬喻，其玄映空明、解脫變化，有水月鏡花之妙。書中分段論莊文奇致，如逍遙遊篇曰：『古今橫絕之文，筆勢跳脫無比。』凡此皆以刺藝評文之法立言，不脫

⑰陳鼓應注譯：《莊子今註今譯》（北京：中華書局，一八七三年四月第一版、一八八六年七月第六刷），頁一。
⑱吳康：《老莊哲學》（台北：商務印書館，一八七七年二月九版）。

兔園册子習氣，與林雲銘、胡文英相伯仲。故全書不以卷計，但標内篇、外篇、雜篇，爲文三十三首云

又如謝祥皓《莊子導讀》，認爲儒家與道家思想境界確有相通之處，解《莊》時可以指明相通之所在，但若盲目以佛義或儒義解莊，他卻不爲然，是沒有把握住「以莊解莊」之原則。故謂：

> 其實，宣穎是否眞的能夠妙悟莊生之旨，也還是要研究一番的。宣穎稱「莊子之書與《中庸》相表裡」（〈自序〉），其具體解説亦多援引孔孟之義……很顯然，宣穎極力要使孔、莊、儒、道結合在一起。這正是宣穎解《莊》的一個基本傾向。如宣穎等稱莊子之書「與《中庸》相表裡」或爲「佛氏之先驅」，均屬偏激之言也。若盲目地以佛解《莊》，或以儒解莊，均斷不可取。
>
> （謝祥皓《莊子導讀》）

宣穎以儒解莊，以文評莊，在義理思考上承宋明理學而來，但他決非空泛其說，確實淘洗前人見解，開啓詮釋之活趣，總結前賢之優點，並開創文理入莊之新境，使得文學與哲學

巧妙的渾然合一，如同莊子書一般汪洋宏肆，以不同的角度，可觀出不同之光芒，恍然如隔世而窺莊子著書之心，雖千載卻似兩人之面談。雖然學者有不同的論點，但不可否認的，宣穎如此解莊，已然開拓了注解莊子的視野。

第二節《南華經解》注解之評價

《南華經解》應是宣穎晚年的一部佳作，全書注疏時，其胸襟與氣度、體會與解析只見一片浩瀚；詮釋文句時，既不全然用音義以解之，又不全然僅就意義增字以明之，深切入理的了悟，透徹眞心的感知，以眞儒之義貫串全文，用釋道之語句以取譬用事，更以文章氣脈分肌析理，如庖丁解牛般，理出意義、意境、文采、智慧，將莊子一書以不同面貌呈現璀璨之光芒，如實地剖現出洸洋自適，具哲學睿思與文學瑰麗的面貌，故宣穎《南華經解》在莊學的長河中，自是具有不朽之地位。錢穆先生以「活趣盎然」「淘洗之功」稱讚他，以下即分析其詮釋時，以不同的心眼所視，展現其不同的詮釋風貌。

一、內容活趣盎然

宣穎注莊以活趣盎然爲注解特點，王先謙《莊子集解》引用七百四十七條，而王先謙所引用宣穎注解部分，雖雜有增益文字，或改動原意者，或誤引或誤羼他人釋語者，但多半能把握宣穎詮釋之意旨。考查宣穎之注解與郭象、成玄英注疏，再觀照林希逸《口義》及陳壽昌《南華眞經正義》、及黃師錦鋐《莊子讀本》、林叔岷《莊子校詮》、歐陽超、歐陽景賢《莊子釋譯》，加上關鋒《莊子内篇譯解和批判》的比對，則體會出前賢所謂的活趣與淘洗之義。

宣穎能站在前人的注疏之肩上，明白要義，更重要的是他能經由熟參文意，反覆吟思耐煩尋繹，再標出新意、新解，產生不同以往之遠見。例如：〈逍遙遊〉：「是鳥也，海運則將徙於南冥。」試比較各家及宣穎的說法如下：

林希逸：海運者，海動也。今海瀕之俚歌，猶有「六月海動」之語。海動必有大風；其水湧沸自海底而起，聲聞數里。言必有此大風，而後可以南徙也。

宣　穎：運，動也。今海濱猶有「六月海動」之語，海動必有大風，水自海底沸起，聲聞數里，大鵬乘此風而後可徙也。

王先謙：《玉篇》：「運，行也」。案：行於海上，故曰海運。

又於〈逍遙遊〉：「去以六月息者也」之解如下：

郭　象：夫大鳥一去半歲，至天池而息。

成玄英：時隔半年，……方言息止。

釋德清：六月，周六月即夏之四月，謂盛陽開發，風始大而有力，乃能鼓其翼。「息」即風也。

宣　穎：息是氣息，大塊噫氣也，即風也。六月氣盛多風，大鵬乃便於鼓翼。

由宣穎以上的注解，可以看出他承先而啓後的標出新意，以證明六月海運之後，大鵬鳥須乘此六月之大風，始能去也，宣穎綜合了林希逸的「海運」之解，貫通「六月息者」之義，將此段文義敘述得完整與確切。

又如〈人間世〉：「因案人之所感，以求容與其心。」

成玄英：案，抑也。容與，猶放縱也。人以快善之事，箴規感動，君乃因其忠諫而抑挫之。

宣　穎：以求自暢快。

王叔岷：宣解「容與」爲「暢快」，於義爲長。此謂因而案抑人之所箴規者，以求暢快其心也。⑲

王叔岷對宣穎的注解，就以「宣注於義爲長」，稱讚宣穎注解的適切，將成玄英所注之「放縱」轉而爲「以求自暢快」，此解應更能表露出莊子逍遙之本質。

又例：〈胠篋〉：「揭諸侯」

郭　象：大盜也者，必行以仁義，平以權衡，信以符璽，勸以軒冕，威以斧鉞，盜此公器，然後諸侯可得而揭也。

成玄英：夫聖跡之設，本息姦衺？而田恒遂用其道而竊齊國，權衡符璽，悉共有之，誓揭諸侯，安然南面。

林希逸：今之諸侯皆竊國者，立於人上，人雖不見，故曰揭。

宣　穎：舉而奪之。

陳壽昌：盜國之後，顯然昭揭以諸侯自命。

黃師錦鋐：揭，舉。引有「居其上的意思。」揭諸侯，謂居諸侯之上。鄧析子「揭」作「霸」意與此相近。

⑲見林叔岷：《莊子校詮》上冊（台北：中央研究院歷史語言研究所，民國七十七年三月初版，民國八十三年四月二版），頁一二七。

歐陽超：今人據宣穎説解作「居諸侯之上」（《先秦文學參考資料》），王力主編：《古代漢語》主此説。或謂「被舉爲諸侯」⑳。

宣穎之注解，是承前賢之義，而又精鍊其義，宣穎以「舉而奪之」解釋，不但標示出居諸侯之上的意義，更有竊國的寓意，由後人的輾轉引用中，見出宣穎的解釋優於前人之處。

又例：〈外物〉：「則天地大絯」

郭　象：所謂錯行。

成玄英：雷霆擊怒，驚駭萬物。

釋　文：絯，音駭，又音該。

説　文：駭，驚也。

⑳歐陽超：《莊子釋譯》批評云：「宣穎說：揭，舉也……今人據宣穎說解作『居諸侯之上』或謂『被舉爲諸侯』都與下文不願受高官厚祿封賞的句意相矛盾。舉《孟子、梁惠王》：『五旬而舉』作『拔取』，解，頗與此處義合。」經筆者查證，歐陽超先生是根據王先謙《莊子集解》之誤云：「揭，舉也」而做如上之見解，查《南華經解》正確應爲「舉而奪之」與歐陽超之注，乃不謀而合。（台北：里仁書局，民國七十一年八月初版，民國七十五年七月二刷），頁三五八。

林希逸：大絯，大異也。
宣　穎：同駭，駭，動也。
陳壽昌：絯，駭，動也。
歐陽超：指震動。
黃師錦鋐：動的意思。

宣穎之注解不同以往，直接以「駭，動也」解之，提出有震動之意，顯然得其妙解，因而後世學者，一一循此解而注。宣穎的活趣盎然，經由後世學者的引證、闡發，的確顯示出他注莊時苦心孤詣，因此才能有透解宗趣的洞徹之樂。

二、風格簡潔精練

宣穎對詞義的把握，甚為簡潔精練，段落的意義，又能明確的掌握。此為後世注莊者，自王先謙以來，會反覆加以引用的原因之一，近世如陳鼓應先生《莊子今注今譯》、歐陽超、歐陽景賢《莊子釋譯》皆有引用宣穎之注解。《南華經解》注解的精簡、明確，詳見下例：

〈逍遙遊〉：窅然喪其天下焉。

宣穎：窅然，深遠貌。

〈齊物論〉：大恐縵縵。

宣　穎：迷漫失精。

〈大宗師〉：已外生矣，而後能朝徹。

宣　穎：朝徹，如平旦之清明。

〈馬　蹄〉：一而不黨，命曰天放。

渾一無偏，任天自在。

〈山　木〉：木聲與人聲犁然，有當於人心。

宣　穎：犁然，猶釋然，如田者，其土釋然。

〈天　下〉：不以觭見之也。

宣　穎：言不以一端自見。

〈漁　父〉：偷拔其欲。

宣　穎：偷拔謂潛引人心中之欲。

由以上例證可知，宣穎之注解不惟簡單明瞭，又能直取深意，以深得其旨意。他能以簡潔的語詞，道出文義的深處，可以看出宣穎精練文義之功力。

三、頗費淘洗之功

此淘洗之功應有二方面之意義，一為王先謙援用宣穎之要義，再做淘洗，使文句精鍊，文義暢順；一為宣穎能取歷代注解之優點，淘洗後所呈現的精鍊之美。王先謙《莊子集解》在引用宣穎注解時，有的部分與之完全相同，有的部分卻加以淘洗精鍊，甚至有誤用之例，所幸誤用之例並不多。至於王先謙擷取宣穎注解，又加以淘洗文句，將其文義更加雅潔精扼，不失宣穎之原義者，例如：

〈逍遙遊〉：大有逕庭。

宣穎：逕，門外路也；庭，堂前地也。勢相遠隔，今言大有逕庭，則相遠之甚也。

集解：逕，門外路；庭，堂外地；大有，謂相遠之甚。

〈齊物論〉：而不知其所為使？

宣穎：到底使然者是誰？

集解：究竟使然者誰邪？

〈德充符〉：而心未嘗死者乎？

宣穎：得其常心如此，人豈猶爲死生所變乎？

集解：得其常心，不以死生變。

〈在宥〉：愼守女身，物將自壯。

宣穎：然陰陽不在乎外也，守身則道得其養，將自盛矣，物即道也。

集解：物，即道也。守身則道得其養，將自成也。

這些例證，都可以看出王先謙在引用時，能擷取宣穎注解之重點，簡明的表述出來，雖然是與宣注不全然相同，是不合乎引用前人注解之原則的，不過也因爲如此，才能彰顯出宣穎注莊的特色與重點。

但是王先謙在引用宣穎注解時，也有誤引的，造成後來注莊者沿用而不知，產生對宣穎的誤解。例如：歐陽超《莊子釋譯》批評宣穎解釋「揭，舉也」（〈在宥〉）是「居諸侯之上」是不正確的，即是因爲歐陽超所根據的，即是王先謙《莊子集解》之誤引，誤作「居諸侯之上」，查證《南華經解》之解，正確應爲「舉而奪之」，與歐陽超之推論爲「拔取」之義，其實相同㉑。

除了王先謙淘洗宣穎文字之外，宣穎能擷取前人注解之長，注解文義時，有的地方襲取前人意旨者，有的另外融會貫通，以其顯豁精鍊的文句，標出文句要旨者。例如：

〈則　陽〉：欲惡去就，於是橋起。

成　疏：矯，起貌。

林希逸：橋，起也，橋起而運，相爲消長，故曰相使。

宣　穎：橋同矯。

宣穎之注解乃承接成玄英疏而來，由《荀子．儒效》：「以橋飾其情性。」楊注：「橋與矯同」：《呂氏春秋．離謂》：「其事橋言無擇」，由以上證明：橋即矯也。章太炎云〈釋木〉：「上句曰喬，橋起即喬起」，宣穎此句之解釋較章太炎爲佳。㉒又例：

㉑歐陽超：《莊子釋譯》（台北：里仁書局，民國七十一年八月初版，民國七十五年七月二刷），頁三五八。

㉒見林叔岷：《莊子校詮》中册（台北：中央研究院歷史語言研究所，民國七十七年三月初版，民國八十三年四月二版），頁一〇三七。

〈人間世〉：仲尼曰：一若志。

郭　象：去異端而任獨也。

成玄英：志一汝心，無復異端。

林希逸：一志者，一其心而不雜也。

宣　穎：不雜也。

由以上所條列的注解，可以看出宣穎此注乃承襲林希逸而來，卻更為簡明扼要。另外如：

〈刻意〉：故曰：夫恬淡寂寞，虛無無為，此天地之平，而德之質也。

郭　象：非夫寂寞無為也，則危其平而喪其質也。

成玄英：天地以此法為平均之源，道德以此法為實質之本也。

林希逸：道德之質，本然者曰質。

宣　穎：本也。

宣穎：「質，本也」之義，乃得自於成玄英、林希逸之注解，而更能把握要義。所以宣穎曾云：「若不曾多看諸本評註者，亦不敢輕以此本呈教，恐不悉苦心，未必解頤也。」〈莊解小言〉，由以上的例證可以看出，宣穎的確下過深入之功夫，而又能以淺出的方式直取妙義。

第三節《南華經解》思想之評價

宣穎將孔子、顏子、孟子與莊子，並舉為心學，考諸宋明理學，則發現有許多相互印證與發明之處。在文句的詮釋與運用上，明顯運用理學的觀念與語句，如講心即理、心為本體、孔顏之樂的解釋、存養心性以知命知天的論述等，皆見吸納理學之精髓，注入道家自然無己的觀念。宣穎《南華經解》融攝理學，契接莊子，更與《中庸》相結合，使得莊學局面弘開，是《南華經解》在思想方面的重要價值。

一、總結宋明心學

(一) 孔子絕四為心學

宣穎認為孔子能：「毋意、毋必、毋固、毋我」（《論語．子罕》），以及「行年六十而六十化」（《莊子．寓言》），所以孔子成為能達到道通為一，同於大通的最高境界之聖人，而將「意、必、固、我」視為心學上之事。原本孔子所講的「意、必、固、我」其意在講「知」，即讓人們防止隨意揣測、主觀武斷、拘泥固執、自以為是等四種蔽病。宣穎如此解讀，由講「知」到講「心」，其實是源自於宋明理學的。

南宋理學家楊簡（西元一一四一－一二二六年）認為：孔子的「毋意」是要人止絕「本心」之外的一切意念，以保持心如明鏡一般無思無為，寂然不動的本體狀態。「毋意」是論證虛明無體之「心」的一種方法。這種方法即是道德修養的直覺。楊簡在《慈湖遺書》卷二《絕四記》云：

> 必亦意之必。必如此，必不如彼，必欲如彼，必不欲如此。大道無方，奚可指定！固亦意之固。固守而不通，其道必窮；固守而不化，其道亦下。我亦意之我，意生故我立，意不生我亦不立。

由上所述，可以看出宣穎在理學上師其：毋意以化通大道之義，將孔子原本對「知」的體認，提升至與顏子、孟子、莊子，同為心學，不但提高了孔子形上意義的體認，也增強了莊子爲一眞儒之意義，可謂更勝一籌。

（二）顏子之樂爲心學

宣穎把顏子之樂與莊子逍遙相提並論，他以爲「無己」才是顏子眞正安貧樂道的關鍵，因爲「累空而道見」，不見有己，才能無入而不自得，不見有人、不見有己，以心爲師，自是無心無爲，墮肢體、去聰明，道通爲一，才能達到「心齋」才爲「坐忘」的最高境界。此顏子之樂的解釋，是得自於宋明理學家的討論，而宣穎另以妙解之。

宋儒周敦頤（西元一〇一七-一〇七三年）《通書》中即有對顏子之樂的描述，程頤（西元一〇三三－一一〇七年）《程氏文集》卷八亦有《顏子所好何學論》一篇談論之，明理學家曹端（西元一三七六－一四三四年）亦體認顏子的樂強調的不是樂這個仁字，而是在行仁的過程中，其體悟自有其樂在其中的原因。他們的論述如下㉓：

㉓侯外盧、邱漢生、張豈之主編：宋明理學史（上卷）（北京：人民出版社一八七七年六月初版一八八七年十月二版二刷）。

顏子，一簞食、一瓢飲，在陋巷，人不堪其憂，而不改其樂。夫富貴，人所愛也。顏子不愛不求，而樂乎貧者，獨何心哉？天地間有至貴至愛可求，而異乎彼者，見其大，而忘其小焉爾。見其大則心泰，心泰則無不足。無不足則富貴貧賤處之一也。處之一則化而齊。故顏子亞聖。

（周敦頤《通書·聖》第四章）

周敦頤以顏子樂貧，是因「心泰」而化解萬物，心中無所不足，而曹端進一步以：孔、顏之樂，樂在仁矣！來解釋之。他說：

周子之教程子，每令尋仲尼、顏子樂處所樂何事者也。然學者當深思而實體之，不可但以言語解會而已。今端竊謂孔、顏之樂者仁也。非是樂這仁，仁中自有其樂耳。且孔子安仁而樂在其中，顏子不違仁而不改其樂。安仁者天然自有之仁，而樂在其中者，天然自有之樂也；不違仁者，守之仁而不改其樂者，守之樂也。《論語》曰：「仁者不憂」。「不憂」非樂而何？周、程、朱子不直說破，欲學者自得之。愚見學者鮮自得之，故爲未學者說破。

（曹端《通書述解》卷上第二十三章）

由上述知宋明理學家解顏子之樂，以「仁」解釋，而宣穎則跳脫宋、明儒以「仁」字支離其樂，而認爲「樂」是不見有己，不見有人，不容言之之樂，是至人無己而達到「心齋」「坐忘」渾然進入道體，恬適其志，體乎造化，樂在其中，不可言喻之樂，故譏「先儒解喫力了」「豈宋儒能測其涘耶！」（〈逍遙遊〉前言）。

（三）孟子之浩然爲心學

宣穎將孟子存養浩然之氣，即還其赤子之心，視爲心學之工夫，此觀點，是將儒家具體實踐工夫，落實至莊子無心而自然中，借由此養氣之行爲實踐，開展了莊體道識道、人與天合之境界。

原本，莊子哲學之氣是偏於自然含義，本身無情、無義、又無生命現象的，故云「乘天地之正，御六氣之辨」（〈逍遙遊〉）「聚則爲生、散則爲死」（〈知北遊〉）；孟子哲學之氣，乃指社會道德方面，具有仁義的特點與人的心理、活動、精神相關，以「志」爲師「至大至剛」的浩然正氣。一則自然渾成「動而以天行」〈刻意〉；一則「集義」而養浩然之氣。兩者加以凝結，是承自王守仁以「元氣」、「與天地合德」之觀念。

理學家王守仁（西元一四七二—一五二八年），吸收孟莊兩家「氣」的主要含義。他用

「元氣」來說明精神活動的統一性，認爲元氣、元神、元精，「只是一件，流行爲氣，疑聚爲精，妙用爲神」（《傳習錄》上），他融會這兩種氣，證明了人的社會，倫理的本性，是離不開自然的心理欲求，而人的心理自然狀態，又依賴於道德的「主宰」，人「與天地合德」（《傳習錄》上），天人「同此一氣」（《傳習錄》下），萬物是成一體之仁的㉔。因此宣穎襲取王守仁的觀點，學習王守仁結合了莊子尚精神之自然，又繼承了孟子養氣說的內容，但宣穎不僅僅以完成「仁」學爲滿足，他更進一步以此取譬於心學之中，以識天人之道爲目的。

（四）人心通於天承自理學

宣穎於〈田子方〉：「吾聞中國之君子，明乎禮義而陋於知人心」下注：「習於末學，昧於本體」，故知，宣穎以人心爲本體，禮義爲末學，而心的功用在於「心則天」（〈田子方〉注）「自人有修者，至此一氣讀之，趕出兩天字，言人見其人，而實已通於天也已！」宣穎又以濂溪之語「靜則虛，虛則明」來解「泰定發光，靜者自驗之」；另如〈大宗師〉前

㉔劉宗賢：《陸王心學研究》（濟南：山東人民出版社，一八八七年七月），頁三〇八。

言中解釋「道」時，亦引用張載：「乾稱父，坤稱母，民吾同胞，物吾與也」皆可以看出宣穎汲取宋明理學之處。

宣穎認爲人之心可則天，可通於天，此理論之觀念，可以說是得自於宋明儒者如周敦頤（西元一〇一七－一〇七三年）宇宙論，張載（西元一〇二〇、－一〇七七年）：「大其心」；陸九淵（西元一一三八－一一八二年）：「心即理」；楊簡（西元一一四一－一一一六八年）：「本心說」；陳獻章（一四二七－一五〇〇年）：「心道相通」等人之啓發。

周敦頤《通書、聖學章》：「無欲則靜虛動直。虛靜則明，明則通；動直則公，公則溥」這裡的「靜虛動直」，僅改動了《易傳繫詞》「靜專動直」的「專」字，用意也和《易傳》一致，與宇宙生成有關。說明了事物自身存在的動力，與宇宙生成之動力，彼此相互發展、變化的關係。㉕

張載「大其心」，乃見於《正蒙、大心篇》：「大其心則能體天下之物，物有未體，則心爲有外，世人之心，止於聞見之狹。聖人盡性，不以見聞梏其心，其視天下無一物非我，孟子謂盡心則知性知天以此。天大無外，故有外之心，不足以合天心。」張載「大心說」即是提倡與天合一的宇宙境界。

㉕梁紹輝：《周敦頤評傳》（南京大學出版社出版，一八八四年二月），頁一七七。

陸九淵認爲「心即理」，人心即是所謂本體心，也是人人具有的心。他云：「人心，只是說大凡人之心」（《語錄下》）「心一也，人安有二心？自人而言，則曰惟危；自道而言，則曰惟微。罔念作狂，克念作聖，非危乎？無聲無臭，無形無體，非微乎？」（《語錄》）人心可聖可狂，可識道體，此即是「心即理」之義。

楊簡承陸九淵，提出「本心說」，他體悟出莊子天地萬物通爲一體，實則是以「心」作爲最高範疇，以心統一之，故云：「天即人，天與人亦名也」（《慈湖遺書》卷七）「性即心，心即道，道即聖，聖即睿。言其本謂之性，言其精神思慮謂之心，言其天下莫不共由，於是謂之道，皆是物也。」（《慈湖學案》卷八）這種以心通萬物，達至道、明物事，也是心體的進一步的肯定。

明理學家陳獻章將心、道相通，認爲心可存道，云：「心得而存之，口不可得而言之」（《陳獻章集》卷一）「道至無而動，至近而視」「藏而後發，形而斯存，道在我矣！」（《陳獻章集》卷二）這是描述了道、心融合爲一體的境界。

由上所述，可以看出，宣穎將莊子之「心」的無心無爲，轉化成能體道，這全是由宋明理學對心學的論述中得到的靈感。宣穎融合了莊子與宋代理學中「心學」思想之長，綜合於「道」體之下，成爲有機的組成㉖，把儒家提升至本體的高度，補足莊子的廓落寥一的虛空

㉖關西平：〈論道家的「天人合一」思想〉（上海師範大學學報，一八八七四期），頁二四—二八。

，總結出天與人既相對立又相依存的規律，成爲宣穎解莊時「受到儒家思想影響，而具有折衷的色彩」㉗之價值。

二、與中庸相表裡

宣穎解莊時，一再表明莊子一書與中庸相表裡，宣穎如此重視《中庸》，其實是源自於宋儒對《中庸》的重視。自從周敦頤將《中庸》：「誠者，天之道；誠之者，人之道」轉化成「立誠」的修養論後，周敦頤認爲：「誠者聖人之本。」又說「聖，誠而已矣。」立誠則必須懲忿窒欲，遷善改過，必須復其不善之動，日積月累，㉘人只要達到誠的境界，即可成爲無所不通的先知者，這些思想爲二程所採納。

於是，二程說「誠」即是天理，天理即是「誠」。「誠」可以用來溝通古今、上下、主觀與客觀，「誠」爲超時間與空間的絕對，即是重視《中庸》的地位；二程更進一步將《論

㉗參見崔大華：《莊學研究》（北京：人民出版社，一八八二年七月），頁三六四；吳光《儒道論述》（台北：東大圖書出版社一八八四年六月），頁八八。
㉘梁紹輝：《周敦頤評傳》（江蘇：南京大學出版社，一九九四年二月），頁二七二－二七八。

語》、《孟子》、《中庸》、《大學》抬到和六經相同的地位。㉙二程的後學以謝良佐、楊時最有名。楊時（西元一〇五三－一一三五年）字中立，號龜山，南劍將樂人。他認爲中庸之書，蓋聖學之淵源，入德之大方。並借中庸的誠，去闡述二程的格物致知，且認爲誠意可以修身、齊家、治天下。他說：

> 自修身推而至於平天下，莫不有道焉，而皆以誠意爲主。苟無誠意，雖有其道，不能行。《中庸》論天下國家有九經，而卒曰所以行之者一。一者何？誠而已。

宋儒對《中庸》的詮釋，宣穎也運用於莊子之中，宣穎以誠爲重要的修道工夫，他進一步提出愼獨以存誠，又結合了中庸形而上的意義，注入莊子道體爲無的內涵，堅實了莊子形上的思維，於是莊子以無爲本，中庸爲表，心學爲法，成爲宣穎解莊時，重要的哲學系統，是其取乎宋儒而超越宋儒之處。

㉙侯外廬、邱漢生、張豈之主編：宋明理學史（上卷）（北京：人民出版社一八七七年六月初版一八八七年十月二版二刷），頁一七三。

第四節《南華經解》評文之評價

一、有水月鏡花之妙

莊子才華橫溢，行文汪洋恣肆，奇詭飄逸，在語言表現上則衆彩紛呈，變化無窮，所用詞匯如萬斛珠泉，隨地湧出，對於莊子這位傑出的語言大師，魯迅曾稱贊說：「其文則汪洋辟闔，儀態萬方，晚周諸子之作，莫能先也。」（《漢文學史綱要》）。他出衆的才華，奇幻的想像、優美的詞章、飄逸的文風，使他的文學成就達到先秦散文最高峰㉚，文學詩文、寓言典故、美學理論、書法藝術無不以他爲圭臬，然後代注莊者，多以義理之幽微深遠爲主，很少用文學的筆法鑒賞莊子的行文。而宣穎是自林希逸以來，用文字形象來分析莊子，運用文學意境以評點莊子之創獲者。

當閱及宣穎云：「莊子之文長於譬喻。其玄映空明，解脫變化，有水月鏡花之妙。」（

㉚閻振益：〈莊子〉《古代思想家傳記》（北京：中華書局出版，一八七七年八月）。

〈莊解小言〉）即可看出，借由宣穎切切吟之、反覆尋繹後，《莊子》一書形聲俱活，即使空靈澹蕩，亦能顯示出超邁不凡的洞徹之美。宣穎能如此借文章筆法，寫自己心中之頓悟，而書之於筆端，乃拜其宋明以來文學藝術思潮的影響所致。可以分爲詩論的影響與文論的影響。

（一）詩論的影響

宣穎文中的道妙無痕，空靈中帶有神韻，運用意象與意境去評論莊子，以象徵性的物象表達原作者的情思㉛，借以抒發詮釋者閱讀過程中「意象的審美化」㉜。這種情形可以從唐司空圖《詩品》，宋·嚴羽（約西元一一八二–一二六五左右）《滄浪詩話》的批評和審美鑒賞中，得到啓發，宣穎將詩話的評點納入義理的解釋，是很明顯的。《滄浪詩話》〈詩辨〉云㉝：

㉛見敏澤：《中國文學理論批評史》（下）（吉林：教育出版社，一八八二年一月），頁七五八。
㉜見汪裕雄：《意象探源》（合肥：安徽教育出版社，一八八六年四月），頁三二七。
㉝見嚴羽著、郭紹虞校釋：《滄浪詩話校釋》（台北：里仁書局，民國七十六年四月），頁二六。

圭角化盡，卻不是模稜學問，都是胸中融透處來羚羊掛角，無跡可求。故其妙處透徹玲瓏，不可湊泊，如空中之音，相中之色，水中之月，鏡中之象，言有盡而意無窮

而宣穎能妙悟莊子文中之象，發其清微，除了探賾莊子有年外，來自《滄浪詩話》：「大抵禪道在妙悟、詩道亦在妙悟」的啓發，及博采群書的體會，才能「夫悟而曰妙，未必一蹴即至也。乃博採而有所通，力索而有所入也。學道學詩，非悟不進。」（錢鍾書《談藝錄》），故宣穎評論莊文空靈與透脫時云：

行文清機飄渺，連如伯牙入海成恍徑去一段神境，使人塵心頓盡。（〈山木〉注）

乍讀之，似乎突然，諦視之，妙不容言，其筆脈自上節飄下，而全篇之微旨，悠然又奕然。（〈養生主〉注）

生者塵垢也，此語形容假借，深入妙諦，本無塵垢，風氣所蕩，諸方微滓，匯爲朕兆，與四大假合，偶爾爲生，眞精切無二義也。

死者之況，生者言之不似也。託之髑髏妙矣！生死等耳，但不言死之樂，不足以明生

之憂，雖然以生者之營營言之，則死者無爲誠樂矣！（〈至樂〉注）

在此，吾人亦可見出，宋明以來的詩論，至明清之際，人性自覺得到重視，意境的運用亦得以深化，文人對感性的眞與神韻的美，加以重視，轉化竟陵派「幽深孤峭」而不失眞情眞趣的心靈思維，及公安派「獨抒性靈，不拘格套」，重視「眞人」「眞聲」「眞文」，在清初王夫之（西元一六一八－一六八二年）現量說、王士禛（西元一六三四－一七一一年）神韻說的理論下，產生影響，於是文學意境，非但獨承前代之遺風，且能別開生面，超逸靈秀㉞，宣穎評莊的風格能呈現清幽淡遠、典雅含蓄的風格，可謂深得當時文壇「神韻說」風氣之影響，與後來袁枚的「性靈」說，兩相對照，看出與宣穎評莊的妙境，是互爲影響的，也因此瞭解當時文壇的風貌。

（二）文論的影響

宣穎得自明代文壇上的儒道合一的啓發也非常顯著。明・王順中、唐順之、茅坤、歸有

㉞金元丹：〈論明清時期的藝術審美思維〉（上海社會科學院學術季刊，一八八四年，第四期），頁一七〇－一七八。

光，是共同推重唐宋散文，並且在創作上將它當作楷模來學習，被稱之「唐宋派」，唐宋派對創作重視「法度」，王慎中（西元一五〇八-一五五八年）云：「每一抽思，了了如見古人為文之意。乃知千古作家，別自有正法眼藏在，蓋其首尾節奏，天然之度，自不可差；而得意於筆墨蹊徑之外，則惟神解者而後可以語此也。」（《與兩湖書》、《文集》卷五），其意則是從神理結構等方面取法古人。㉟

唐順之（西元一五〇七-一五六〇年）更是將老莊、名家、法家、墨家、佛家，都包括在儒家之中，論文章則云「但直攄胸臆信手寫出」「便是宇宙間一樣絕好文字」，創作需要「真精神與千古不可磨滅之見」，論文要論法，以為漢以前之文，無為文法而「飽飣以為詞」，故文章之法在於「開闔首尾經緯錯綜」，「孔子之所謂『其旨遠』，即不詭於道也；『其辭文』，道之燦然。」（《董中峰侍郎文集》），文章除了論法還強調為文之意㊱，故宣穎得莊子文章之意，應受唐順之啓發頗多。

茅坤（西元一五一二－一六〇一年）從道文合一的主張出發，認為古文的眞正作用在於

㉟見敏澤：《中國文學理論批評史》（下）（吉林：教育出版社，一八八二年一月），頁七二五－七三六。

㊱見王運熙、顧易生主編：《中國文學批評通史．明代卷》（上海：古籍出版社，一八八六年十二月），頁二一二－二一三。

可以闡明儒道。認爲「文章以道相盛衰，時非所論也。」（茅坤《唐宋八十家文鈔總序》、《八大家文鈔》），他繼承了韓愈「文以載道」的觀點。也就是說，文章的盛衰是根據道學的盛衰、變化而興盛、或衰退的。而論及《史記》時曰：「今人讀〈游俠傳〉即欲輕生；讀〈屈原賈誼傳〉即欲流淚；讀〈莊周〉、〈魯仲連傳〉即欲遺也」這些評論，在探索寫作經驗方面有一定的作用。影響所及，宣穎才云：「鹿門茅氏嘗曰：太史公於莊子之學，未必知夫！以太史公能賞其文，尚未必知其學。」（《南華經解・自序》可以看出宣穎亦受茅坤見解之影響。

宣穎在《南華經解》的評注中，沿用了過去歷史文論中的概念、術語、範疇、命題，表現了寬宏的氣度和廣闊的視野，綜博旁貫、善納百川，顯豁處世，以儒爲宗，以意境評莊，彰顯莊子亦文亦哲之特性，實在詳贍而富義理涵蘊，顯出博大精深、周密詳備、已具系統的價值。

二、以文評莊以開新境

莊子之文，聲東擊西如「項莊舞劍，亦在沛公」，人們很容易被他弄得眼花撩亂，而掌握不到他的主要思想。前人注解莊子，就失之於因字、碎句、段章爲注。宣穎於〈莊解小言〉第一條即云：「著莊者無慮數十家，全未得其結構之意」，又云「諸家字句之解，間有所長……至段落旨趣，則概未之及」可以看出宣穎能提出前人注解之弊，又能從整體著眼，以求符合莊子原意。

由於宣穎解莊得其結構，一一分析篇旨、段落要義與章法部分，清、陳壽昌《南華眞經正義》亦加以沿用，如〈逍遙遊〉：「堯讓天下於許由」一段《正義》下注：「此證聖人無名意也」；「肩吾問於連叔」一段《正義》下注：「此證神人無功意也」；「宋人資章甫而適諸越」《正義》下注：「此證至人無己意也」；這三段的旨意，與宣穎完全相同，可知陳壽昌引用宣穎的段落要義之看法。而且陳壽昌《南華眞經正義》對於今人張默生，有許多的啓發。張默生《莊子新釋》評陳壽昌《正義》云[37]：

> **這書的長處，是他對於莊子各篇的段落，分析得很清楚，我對於莊子文體的發見，正是受了他的啓發。**

在此，我們可以觀察出：張默生對於莊子文體的見解，其靈感得自於陳壽昌，而陳壽昌

---

[37] 張默生：《莊子新釋》（台北：明文書局，民國八十三年一月初版），頁三七。

對莊子段落的解讀，是來自於宣穎得其結構的論證，對莊子章法的說明。可知宣穎以文評莊，是如何深深的影響後代，對注莊者予以鉅且遠的啓示與發明。

又如宣穎「分肌擘理，極細註疏也」（〈天地〉注）出自於文學批評中以「肌理」之辭，論詩文的痕跡者，如《文心雕龍·序志》：「擘肌分理，惟務折衷」之言，宣穎的「分肌擘理」與清中葉後翁方綱提出的「肌理說」甚爲相似，翁方綱云「義理之理，即文理之理，即肌理之理也。……爲學必以考證爲準，爲詩必以肌理爲準」（《志言集序》、《復初齋文集》卷四）以肌理係於骨肉之間，雖是一種外在的表露，卻體現了內在的精神氣質，由此窺見「人與天之合」[38]，這與宣穎以庖丁之姿，解其文章之肌理，以不見全牛，始得全牛，不見其文，始得全文之義相近，也許其中亦有受到宣穎「分肌擘理」之影響。

宣穎其文論的批評注意章法結構、行文妙處，修辭之譬喻與層遞除了承自唐順之而來，與當時方苞桐城派散文理論是總結「義法」，注意寫作中的遣詞造句、謀篇布局，有相互印證之處，可見得當時散文理論亦影響及宣穎注莊之中。甚至劉鳳苞《南華雪心編》書前凡例

---

[38] 參見敏澤：《中國文學理論批評史》（吉林：教育出版社，一八八二年一月），頁一一七四；王運熙等主編《中國文學批評史》清代卷（上海：古籍出版社一八八六年十二月），頁五二八。

以「茲依桐城宣茂公義例」[39]稱之，宣穎明明爲江蘇句容人，劉鳳苞卻以「桐城義例」言之，顯然暗指宣穎與桐城派章法之間有相互影響之處。

第五節 《南華經解》之侷限

一、詮釋不理想者

在宣穎的注解中，並非全然爲後世學者所稱道者，亦有承自前人注解未盡如文意者。例如：〈齊物論〉：故昭氏之鼓琴

郭象：夫聲不可勝舉也，故吹管操絃，雖有繁手，遺聲多矣。而執籥鳴弦者，欲以彰聲也，彰聲而遺聲，不彰聲而聲全。故欲成而虧之者，昭文之鼓琴也。不成而無虧者，昭文之不鼓琴也。

[39] （清）劉鳳苞：《南華雪心編》（嚴靈峰編：《莊子集成續編》二十四冊，台北：藝文印書館）。

成玄英：姓昭，名文，古之善鼓琴者也。夫昭氏鼓琴，雖云巧妙，而鼓商則喪角，揮宮則失徵，未若置而不鼓，則五音自全。亦猶有成有虧，存情所以乖道；無成無虧，忘智所以合眞者也。

宣穎注：故，古也。

王引之：故，猶則也。《東周策》：「君必施於今之窮士，不必且爲大人者，故能得欲矣」故能，則能也。《管子》：「明主能勝六攻，而立三器，則國治。不肖之君，不能勝六攻而立三器，故國不治。」故，則互文，故亦則也。（《經傳釋詞》）

章炳麟：故，宜訓爲「此」。引《墨子．天志》：「當若子之不事父，弟之不事兄，臣之不事君也；故天下之君子，與謂之不詳者。」

宣穎注「故，古也」顯然得自於郭象、成玄英之注解而來，然後世學者如黃師錦鋐《莊子讀本》引用的王引之《經傳釋詞》的解釋爲「則」；王叔岷《莊子校詮》則贊同章炳麟之義，解爲「此」，可見得此注，宣穎未能正確解之。

另外，宣穎在〈逍遙遊〉中，解遨遊九萬里高空的大鵬鳥下云：「以上大鵬之逍遙遊」，學者如關鋒，即認爲[40]：

莊子在行文中沒有明白提出，但歷代注家迷惑於莊子的「支離」，而錯會了莊子之意。

宣穎即云：「以上大鵬之逍遙遊」這是會錯了莊子對大鵬的觀感，也誤解了莊子逍遙遊的原意。其實大鵬、野馬、塵埃皆有所待，不算絕對自由的逍遙遊。

故知，宣穎注解亦有其不足之處，此就筆者之比對與學者之提出做一論述，任何注疏也都有無法盡善盡美之處。《南華經解》解莊時，有宣穎自己對道體體認的不同與層次的考量，因此大鵬鳥也有得其逍遙之處。但以莊子解析逍遙之義來看，莊子在層層的敘述中，是提出絕對逍遙與大鵬鳥之逍遙不同，因此宣穎只說大鵬鳥之逍遙是不足的。

二、境界與工夫混合

宣穎在討論逍遙之義時，以逍遙無已解釋之，同時納入了逍遙之境界，與無已之工夫，再以心存養之、以《中庸》之「誠」切實執行之，如此自能圓滿回答「以中庸相表裡」之

㊵關鋒：《莊子內篇譯解和批判》（北京：中華書局，一八六一年六月），頁七〇。

語。因而宣穎以為「無何有之鄉」乃「一物不留之處」，廣漠之野乃「一物不隔之宇」，「徬徨乎無為其側」是「本無可為也」，「逍遙乎寢臥其下」即「本無一事」（〈逍遙遊〉注），如此學道工夫重在一念不留、一塵不染、無為無事。可見其無己無為而逍遙，存誠養心而至道，宣穎本身即將境界與工夫，視為一體之兩面故言逍遙是第一義，是有道人第一境界，學道人第一工夫。但是吳怡《逍遙的莊子》就指出云㊶：

宣氏能以「至人無己」一語，點出逍遙遊的第一境界，可說是畫龍點睛之筆，但他用最後一段話的無為、無事、無用來說明第一工夫，卻大有問題。所謂：「何不樹之無何有之鄉，廣莫之野，彷徨乎無為其側，逍遙乎寢臥其下」這是達到境界後的現象，而不是通向這境界的工夫。因為要講工夫，便必須有一套切切實實的方法。

由吳怡的論述可以清楚的觀察出，宣穎在解莊時，他的著眼點是重在標舉出無己可以至道，無己可以逍遙，所有逍遙的現象，本質即是以無己為根據，而忽略了境界與工夫是兩個層面；而且宣穎如此解釋，又會造成《中庸》存誠的工夫，與道體是「無」相混合的情形。

㊶吳怡：《逍遙的莊子》（台北：東大圖書公司，民七十三年十月初版，民八十年四月三版），頁四八。

在宣穎解莊時，產生造成兩相重疊的情形，因此宣穎才會以中庸為表裡之說，來融攝其說法無法周延之處。

三、篇章排列不佳

宣穎的篇章看法，因承襲蘇軾《莊子祠堂記》將〈讓王〉等四篇視為非莊子之書，故於《南華經解》的篇章排列，將此四篇列於最後，影響所及，如雍正庚戌進士徐廷槐撰《南華簡鈔》四卷則將〈漁父〉、〈盜跖〉、〈讓王〉、〈說劍〉之屬，全篇刪之。後來馬其昶《莊子故》亦依《南華經解》，亦將此四篇屏諸各篇之外。因此，胡遠濬《莊子詮詁》㊷加以批評云：

> 然子瞻以列禦寇篇首，與寓言篇末旨同。決為相承無疑。此固不必然者，而莊子故，依宣本，將此四篇屏諸各篇之外，然又豈能斷各篇中無一贋作耶。

㊷胡遠濬：《莊子詮詁》（台北：商務印書館，民國二十年六月初版，民國六十八年十二月台二版），頁八。

就此一點而言，學者多認爲其實《莊子》一書，原本贋僞之處就是歷代所討論的重點，若能以多聞闕疑的立場，廣搜意見，取益多聞，作不同角度的論析，亦未嘗不好，因此並不以宣穎這種見解爲高，亦不贊成刪掉此四篇；但宣穎列此四篇於最後，也是啓迪後學，引發思考的一種開創性的作法。只可惜宣穎不予以評注，僅借宋・蘇軾、王安石，明・孫月峰的論點，加上他的看法，以文理淺薄、氣格甚淺、行文粗淺、篇名訂題方式與前面內雜篇不同等爲由，總結此四篇之眞僞，若能多所發揮，詳盡評估，以文理、義理等多種角度切入，一定更令人折服。

小結

由以上的分析與比較，可以證明前賢所評《南華經解》的活趣盎然，淘洗之功，及不可多得者之眞義，近人吳光明在《莊子》一書中即云㊸：

> **絕大多數的注解都關涉釋莊的傳統。宣穎、郭慶藩、錢穆諸氏的注解，是他們之類中最出色的。**

㊸見吳光明：《莊子》（台北：東大圖書公司，民國七十七年二月初版，民國七十一年八月再版），頁一七。

郎擎霄《莊子學案》[44]則評曰：

宣穎之《南華經解》、林仲銘之《莊子因》、胡文英之《莊子獨見》，多以論文為主，意殊淺薄，惟宣著略有新解，可備覽焉！

嚴靈峰《老列莊三子知見書目》[45]評其特色為：

標揭莊子文章奇緻，分段評騭，謂莊子書與中庸相表裡。

經由學者的肯定，可以知道宣穎能藉助前人注解之長處，加以全新解釋，經此淘洗之後，匯注自己的心得看法，以宋明之心學、中庸作為以儒解莊之中心思想，以詩論、文論的藝術境界、文章筆法，作為以文評莊的注疏風格，才會有新解與發明，因此《南華經解》雖不為當世所重，但是清儒及後世學者卻引用不斷。實因其注解明白易曉，解出深義，又簡潔精鍊，活趣盎然，並反映思想的睿智、文學的特色，即使有所瑕疵，卻不掩其風采，是清初注解莊子者，出類而拔萃者。

[44]見郎擎霄：《莊子學案》（上海商務印書館，民國二十三年十一月初版），頁三四八。
[45]嚴靈峰：《老列莊三子知見書目》（台北：中華叢書編審委員會，民國五十四年十月），頁一五五。

第八章 結論

宣穎身當明清之際，面對天崩地解的大變局，以著《南華經解》，將儒家與道家之矛盾，做徹底的反省；他轉化儒家的限制性，強調中庸形而上的思維，以合於莊子的天道觀，將道家精神的高遠性，結合了儒家思想的切實性，承襲宋明心學、與文論、詩論之觀念，綜合哲學義理與文學文理，於晚年寫下這鎔鑄一生所學、所見、所思的惟一遺世著作《南華經解》。這樣一部「不過崑崙，則不遊太虛」之作，有他出塵超世的見識，有他明白成理的解說，更有他莫若以明的創獲。

宣穎終其一生，僅取得拔貢生員之資格，遭逢清初對各族人民採取鎮壓與懷柔並進之政策，對知識份子一方面廣興文字獄，又輾轉株連，大施屠戮迫害；另一方面以博學鴻詞科，籠絡宿學遺老，以八股科舉舉士。故清初文人在其文論著作中，往往是繼承發揚前代之思維，或者閃爍著反傳統之異彩。宣穎在此環境下，因此不樂仕進，籍籍無名，以致其生卒年不可考、生平事蹟甚少，只知他以孝行聞名、有聲於庠序，沉潛在著述，宏通於群籍之中，當時人以「學海」稱之。由於宣穎以注解《莊子》實現自我，以建構他「殊不知其所謂生，特形生耳，有生生者彼未嘗知也；其所謂死，特形死耳，有不死者，彼未嘗知也。」（〈養生主〉注）的一個形雖化，而心卻如「火之傳無盡，而神之存，豈有涯哉！」（〈養生主〉）的學術生命。故推究其思想之重點及價值，要言之可如下：

一、見識高遠之內容

《南華經解》是宣穎晚年的一部結合一生所學，顯豁通達之作。對道體的無，能與中庸相表裡，對逍遙之境與無已之心學，作一境界與實踐的圓滿結合，用儒家的存養工夫，還其道家的天然本色，行諸於人生修養上，則以順物自然爲原則，內聖外王予以貫通，明乎道體，知其仁義之流，將莊子與六經，提至一樣崇高之境地。

宣穎此種生生不已的思維，不夢夢而生，夢夢而死的創獲，用淘洗、精鍊前人注解，直取妙解以全其意的功夫，將道家與儒家作一圓滿周密的結合，紮實其道家的廓落，全其形上、形下的思維而一以貫之，把握住莊子的用心、文論的深意、生命的底蘊、政治的無爲，全書顯現豁然開朗，一片光明的高遠通透之境。

二、心學匯莊之思想

宣穎見識高明，體現宋明以來陸王心學，以還原到《莊子》本義，提出自己深層之思維，將莊子的醇然眞儒，借由孔子的毋意、毋必、毋固、毋我，顏子的簞食瓢飲，心不違仁、孟子的浩然正氣、存養赤子之心，與莊子逍遙無己之意結合，在孔門心學中體見莊子之心意。

歷代注莊者，有論玄、有論義，往往以一己之意，將莊子著述之本心，欲行諸天下之本義，加以模糊。宣穎能體乎莊子直揭道體，言天地萬物相生相化之理，將萬物共生、共存、共榮，道體圓滿自足、循環反覆之精義，加以說明，再以儒家心學與之相聯貫，則道之無，非全無，天人之間，進入盤根結實的體用兼備之境，期望在人間世以成就天德。

三、陶鑄莊學之風格

哲學的睿思需借文學的語言，才能解出莊子的旨意，沒有晝道境的工夫，妙解莊子的玄思，如何能顯出莊子之本色。宣穎以其詩文根柢的豐厚，表現出清初時代學者的特質，流露出解莊的文人長才，掌握住解莊的語法特色，表現亦哲亦文的內容，充份展現莊子文中聲色之美，而切中莊子之本意，其陶鑄莊學，功不可沒。

宣穎之注解有評點之筆意，有文論之章法，有結構之嚴謹，有行文之曼妙、有修辭之絕美，宣穎以「詞令逸品」「大鑪錘手」稱述莊子，在莊學整體的流變上，此評論何嘗不是宣穎注莊的最適切的評價。

四、以文評莊之影響

縱觀莊學的發展，從先秦直到隋唐，皆以「義理」爲主流，以「聲韻」和「訓詁」爲支流，眞正用文學的角度來詮釋《莊子》的，是從南宋林希逸《莊子口義》、褚伯秀《莊子注》、劉辰翁《南華眞經點校》等開始，至明・羅勉道《莊子循本》、陸長庚《南華副墨》更對莊子文章結構和爲文之法加以注意。至於清代，宣穎《南華經解》是進一步總論莊子散文藝術技巧，在段落分析、寫作技巧等方面，改進前人注疏之不足，發揮莊子段落章法之特色，可謂承先而啓後之作。

影響所及，同時代林雲銘《莊子因》是文學解莊的代表作，書前有〈莊子總論〉〈莊子雜說〉，總論莊子散文的宗旨、眞僞與讀法，注文也以說明莊子文章的藝術技巧；此外，像吳世尚《莊子解》、胡文英《莊子獨見》、張坦《南華評注》、劉鳳苞《南華雪心編》在發揮莊子的文法、風格、寫作技巧各方面，都受到宣穎的影響而有所推展，至今張默生對莊子文體的看法，亦受到宣穎章法結構之影響。

五、立論說理之瑕疵

宣穎在詮釋莊子時，以《莊子》一書，辨識出那明眼慈心、直據道體、侃侃而談、仰慕孔子，卻又提出己見的莊子。也許，由吾等現代已受西方哲理洗禮之人看來，宣穎的解釋是境界與工夫不分家，形上與形下的貫串，評論時用文學的生花妙筆、文章的結構分析，有失其哲學的邏輯性、精確性。其次，宣穎受限於蘇軾以來歷代文人看法，加上科學的驗證並不充份的情形之下，以〈讓王〉等四篇非莊子之筆，其餘皆莊子所著，立論並不確切鑿實。但以清初之時代背景，宣穎浸吟於歷代古文與詩論，集結生平所學於《南華經解》書中，成就此難得的文理與義理並重之作，誠屬不易。故明其不足之處，汲取其注疏之優點，是後學者研究學習之基本態度。其實莊子法自然，無往不因，無因不可，「物無非彼，物無非是」，「道未始有封」、「欲是其所非而非其所是，則莫若以明」（〈齊物論〉）。因此各家規摹其意旨，就其所好而觀之，亦未嘗不可。

本論文僅就清初莊學中，一株默默恣適的《南華經解》，在那樣的時代，如此的困頓下，完成一部文學與哲學陶鑄之作，加以論述與說明。由於筆者的才學、智識的淺陋，未盡識得文章之美、內容之精；未悟得眞理之妙、天機之深；未寫得流暢通達，一氣呵成，才是應就教於方家，以求精益求精爲是。

參考書目

一、著作

（一）莊學專著

莊子祠堂記　（宋）蘇軾　台北：藝文印書館　無求備齋莊子集成續編三十四冊

莊子鬳齋口義校注　（宋）林希逸著、周啓成校注　北京：中華書局　一九九七年三月

南華眞經本義　（明）陳治安　台北：藝文印書館

孫月峰三子評　（明）孫曠撰　中國子學名著集成（六十七）　明吳興閔氏刊朱墨套印本

莊子解莊子通　（清）王夫之　台北：廣文書局　一九六四年五月初版一九八七年三月再版

莊子南華經解　（清）宣穎著、王輝吉校　上海：存古齋石印本（線裝書）

南華經解　（清）宣穎著、胡志章校　台北：藝文印書館據清同治六年　半畝園刊本影印　無求備齋莊子集成續編三十二冊

莊子南華經解　（清）宣穎著、王輝吉校　台北：廣文書局據中央研究院藏懷義堂藏版　一九七八年七月

增註莊子因　（清）林雲銘　台北：廣文書局　一九六八年一月

南華雪心編　（清）劉鳳苞　台北：藝文印書館　無求備齋莊子集成續編二四冊

莊子集解　（清）王先謙著　台南：世一書局　一九七六年四月初版一九八六、六再版

莊子雪　（清）陸樹芝　台北：藝文印書館　無求備齋莊子集成續編三十四冊

莊子章義　（清）姚鼐　台北：藝文印書館　無求備齋莊子集成續編三十五冊

莊子釋意　（清）高秋月　台北：藝文印書館　無求備齋莊子集成續編三十一冊

莊子集釋　（清）郭慶藩撰、王孝魚點校　台北：天工書局　一九八九年九月

南華經解　（清）方文通　台北：藝文印書館　無求備齋莊子集成續編三十六冊

莊子獨見　（清）胡文英　台北：藝文印書館　無求備齋莊子集成初編二十一冊

南華眞經正義　（清）陳壽昌輯　台北：新天地書局　一九七二年十一月初版一九七七年七月再版

莊子纂箋　錢穆　台北：東大圖書公司　一九六八年一月

莊子詮詁　胡遠濬　台灣：商務印書館　一九三一年六月初版一九八〇年十二月台二版

莊子讀本　黃師錦鋐　台北：三民書局　一九八九年九月

莊子校詮　林叔岷　台北：中央研究院歷史語言研究所　一九九四年四月二版

莊子釋譯　歐陽超、歐陽景賢　台北：里仁書局　一九九二年九月初版一九九六年七月二刷

莊子今注今譯　陳鼓應注譯　北京：中華書局　一九八三年四月第一版一九九六年七月第六刷
莊子新釋　張默生原著、張翰勛校補　濟南：齊魯書社　一九九三年十二月第一版一九九六年七月二刷

（二）相關論著（按時代先後排列）

四庫全書總目提要（清）永瑢等撰　台北：商務印館　一九六五年五月三版
江蘇省句容縣志（清）曹襲先纂修　清乾隆十五年（一七五〇）修　清光緒庚子二十六年（一九〇〇）重刊本
江蘇省續纂句容縣志（清）張紹棠修　台北：成文出版社　民國六十三年出版　清光緒三十年（西元一九〇四）刊本影印
金陵通傳（清）蕭穆等撰　據（清）陳作霖纂　清光緒三十年（西元一九〇四年）刊本影印　台北：成文出版社　民五十九年八月
漁洋山人感舊集（清）王士禎撰（清）盧見曾補傳　台北：明文書局　一九八五年
船山師友記　羅正鈞纂　台北：明文書局　一九八五年
中國哲學史史料學概要（上、下）　劉建國　吉林：人民出版社　一九三三年五月
莊子學案　郎擎霄　上海：商務印書館　一九三四年十一月
莊子書錄　馬森　一九五八年

諸子考索　羅根澤　北京：人民出版社　一九五八年二月
莊子內篇譯解和批判　關鋒　北京：中華書局　一九六一年六月
哲學討論集　《哲學研究》編輯部編　北京：中華書局　一九六二年八月
老列莊三子知見目錄　嚴靈峰編　台北：中華叢書編審委員會　一九六五年一月
合印四庫全書總目提要及四庫未收書目禁毀書目　王雲五編　台灣：商務印書館　一九七一年五月
莊學管窺　王叔岷　台北：藝文印書館　一九七八年三月
四書讀本　謝冰瑩、李鍌、劉正浩、邱燮友編　台北：三民書局　一九六六年九月初版一九七八年十月、七版
明末清初的學風　謝國楨　北京：人民出版社　一九八二年六月
莊子研究　葉國慶　台北：木鐸出版社　一九八二年九月
莊子新探　張恆壽　湖北：人民出版社　一九八三年九月
莊子與文學　蔡師宗陽　台北：文史哲出版　一九八三年六月
修辭學　黃慶萱　台北：三民書局　一九七五年一初版一九八三年十月四版
莊周思想研究　陸欽　河南：人民出版社　一九八三年十二月
清代傳記叢刊　周駿富編　台北：明文書局　一九八六年一月
滄浪詩話校釋　嚴羽著、郭紹虞校釋　台北：里仁書局　一九八七年四月
莊子哲學及其演變　劉笑敢　北京：中國社會科學院出版一九八八年二月
莊子研究論集新編　顧俊發行　台北：木鐸出版社　一九八八年九月

莊子與中國美學　劉紹瑾　廣東高等教育出版社　一九八九年四月
莊子與中國文化　黃山文化書院編　安徽：人民出版社　一九九〇年一月
中國哲學史　任繼愈主編　北京：人民出版社　一九七九年三月初版一九九〇年三月四刷
中國哲學通史　楊憲邦主編　北京：中國人民大學出版社　一九八七年九月初版一九九〇年三月二刷
中國學術思想史論叢（八）　錢穆　台北：東大圖書　一九八〇年三月初版一九九〇年四月再版
道家和道家思想研究　王明　北京：中國社會科學出版社　一九八四年六月一版，一九九〇年八月三版
道教答問　朱越利　台北：貫雅文化　一九九〇年一月
明清之際儒家思想的變遷與發展　林聰舜　台北：學生書局　一九九〇年十月
莊子導讀　謝祥皓　四川：巴蜀書社　一九八八年三月一九九一年一月二刷
明末清初學術思想研究　何冠彪　台北：學生書局　一九九一年二月
逍遙的莊子　吳怡　台北：東大圖書　一九八四年十月初版一九九一年四月三版
道家思想史綱　黃釗　湖南：師範大學出版　一九九一年七月
儒道釋與內在超越問題　湯一介　江西：人民出版社　一九九一年八月
道家文化及其藝術精神　趙明、薛敏珠　長春：吉林文史出版　一九九一年九月
中國道教史（上、下）　任繼愈主編　台北：桂冠圖書公司　一九九一年十月
莊老通辨　錢穆　台北：東大圖書出版社　一九九一年十二
清代哲學　王茂、蔣國保、余秉頤、陶清　安徽：人民出版社一九九二年一月

中國文學理論批評史（上、下） 敏澤 吉林：教育出版社 一九九二年一月
明清思想家論集 王煜 台北：聯經出版社 一九八一年五月初版一九九二年四月三刷
中國哲學思想論集（清代篇） 余英時等著 台北：水牛出版 一九八八年二月再版一九九二年五月再版二刷
衆妙之門—道教文化之謎探微 蕭萐父、羅熾主編 湖南：教育出版社 一九九二年八月二刷
莊子美學 張利群 桂林：廣西師範大學出版 一九九二年八月
莊子 吳光明 台北：東大圖書 一九八八年二月初版一九九二年九月再版
老莊哲學 胡哲敷 台灣：中華書局 一九九三年三月
中國儒學史 趙吉惠、郭厚安等主編 中州古籍出版社 一九九一年六月一版；一九九三年四月二刷
儒道互補—中國人的心靈建構 吳重慶人 廣東：人民出版社 一九九三年八月
老莊思想論集 王煜 台北：聯經出版社 一九七九年十二初版一九九三年十月四刷
中庸誠的哲學 吳怡 台北：東大圖書 一九七六年二月初版一九九三年十月五版
道教通論-兼論道家學說 牟鍾鑒、胡孚琛、王葆玹 濟南：齊魯書社 一九九一年十一月初版一九九三年十二月二刷
中國歷代思想史（六）清代卷 朱葵菊 台北：文津出版社 一九九三年十二月
周敦頤評傳 梁紹輝 南京大學出版社 一九九四年二月
儒道論述 吳光 台北：東大圖書出版社 一九九四年六月
道教文化辭典 張志哲主編 上海：江蘇古籍出版社 一九九四年六月

莊子及其文學　黃師錦鋐　台北：東大圖書公司　一九九四年九月再版
中國學術思想大綱　林尹　台灣：商務印書館　一九七九年八月初版一九九五年一月四刷
中國近三百年學術史—《清代學術概論》合刊　梁啓超　台北：里仁出版社　一九九五年二月初版
諸子學述　羅焌　湖南：岳麓書社　一九九五年三月
古籍的闡釋　董洪利　遼寧：教育出版社　一九九五年六月二刷
中國思想史　錢穆　台北：學生書局　一九九五年八月九刷
從理學到樸學　（美）艾爾曼　江蘇：人民出版社　一九九五年九月
國學概論　錢穆　台北：商務印書館　一九三一年五月初版一九九五年九月台三版
莊學研究　崔大華　北京：人民出版社　一九九五年十月二刷
明清啓蒙學術流變　蕭萐父、許蘇民　瀋陽：遼寧教育出版社　一九九五年一月
逍遙之祖—莊子與中國文化　白本松、王利鎖　河南大學出版社　一九九五年八月
中國思想史（中國早期啓蒙思想史）五卷　侯外廬　北京：人民出版社　一九五六年八月初版一九九五年十月六刷
老子與中國文化　張智彥　貴州：人民出版社　一九九六年一月
聞一多全集（二）古典新義　朱自清、郭沫若、吳晗、葉聖陶編　台北：里仁書局　一九四八年八月初版一九九六年二月
十批判書　郭沫若　北京：東方出版社　一九九六年三月
意象探源　汪裕雄　合肥：新華書店　一九九六年四月
中國哲學史大綱　胡適　北京：東方出版社　一九九六年九月二刷

道教文化學術研討會論文（上、下）　龔鵬程編　台北：學生書局　一九九六年十月
中國哲學史　馮友蘭　台北：商務印書館　一九九四年四月增定初版一九九六年十一月三刷
中國儒家學術思想史　劉蔚華、趙宗正　山東：教育出版社　一九九六年十二月
中國古籍善本書目－子部（上、下）中國古籍善本書目編輯委員會編　上海：古籍出版社　一九九六年十二月
中國文學批評通史－清代卷　王運熙、顧易生主編　上海：古籍出版社　一九九六年十二月
思想的轉型－理學發生過程研究　徐洪興　上海：人民出版社　一九九六年十二月
中國文學批評通史－明代卷　王運熙、顧易生主編　上海：古籍出版社　一九九六年十二月
中國哲學史　肖萐父、李錦全　北京：人民出版社　一九八三年十月初版一九九七年二月十四刷
道家哲學智慧　張松如、劭漢明　吉林：人民出版社　一九九七年三月
歷代官制兵制科舉制表釋　臧云浦、朱崇業、王云度　江蘇：古籍出版社　一九八七年四月一版一九九七年四月四刷
莊子考辨　張松輝　長沙：岳麓書社　一九九七年五月
莊子詮言　封思毅　台灣：商務印書館　一九九七年五月二版
中國隱逸文化　孫適民、陳代湘　湖南出版社　一九九七年五月
歷史與思想　余英時　台北：聯經出版社　一九七六年九月初版一九九七年六月二十刷
民遺民九大家哲學思想研究　陶清　台北：洪葉文化公司　一九九七年六月初版
陸王心學研究　劉宗賢　濟南：山東人民出版社　一九九七年七月
莊子的文化解析　葉舒憲　湖北：人民出版社　一九九七年八月

莊學新探　陳品卿　台北：文史哲初版　一九八四年九月增訂再版一九九七年八月三刷
老莊哲學　吳康　台北：商務印書館　一九八七年二月九版
宋明理學史（上、下卷）　侯外廬、邱漢生、張豈之主編　北京：人民出版社　一九八七年六月初版　一九九七年十月二版二刷
中國哲學論集　余敦康　遼寧大學出版　一九九八年三月
中國儒學　劉宗賢、謝祥皓　四川：人民出版社　一九九八年八月二版
西學與晚明思想的裂變　何俊　上海：人民出版社　一九九八年八月
宋明新儒學略論　馮達文　廣東：人民出版社　一九九七年七月初版一九九八年一月十二刷
道教新論二集　龔鵬程　嘉義：南華管理學院出版　一九九八年七月
宣氏族譜　宣永安　台北：故宮博物院微卷

二、論文

（一）學位論文

莊子學述　莊萬壽　師大國研所集刊　一九六九年
王先謙莊子集解義例　賴仁宇　台灣師範大學國文研究所碩士論文　一九七六年六月

方以智《藥地炮莊》中的儒道思想研究　李素娓　台灣大學中文研究所碩士論文　一九七八年

阮籍研究　徐麗霞　台灣師範大學國文研究所集刊　一九八〇年六月

王船山莊子解研究　林文彬　台灣師範大學國文研究所碩士論文　一九八六年五月

林希逸莊子口義研究　簡光明　逢甲大學中文研究所碩士論文　一九九一年一月

莊子思想詮釋的分際　李春蕙　台灣師範大學國文研究所碩士論文　一九九三年六月

焦竑莊子翼研究　施錫美　逢甲大學中文研究所碩士論文　一九九五年

宋代莊學研究　簡光明　台灣師範大學國文研究所博士論文　一九九七年四月

成玄英《道德經義疏》研究　林佳蓉　成功大學中文研究所碩士論文　一九九八年一月

中庸形上思想研究　王聰明　台灣師範大學國文研究所博士論文　一九九八年四月

魏晉儒道互補思想之研究　蔡忠道　高雄師範大學國文研究所博士論文　一九九八年六月

(二) 期刊論文

略論隋唐老莊學　李大華　上海：古籍出版，道家文化研究（一）　一九六二年六月

從感情、理智、科學的角度，看莊子的文學　黃師錦鋐　幼獅月刊第四十一期　一九七五年六月

「清代漢學」論衡　徐復觀　台北：學生書局《兩漢思想史》　一九七七年

阮籍和他的達莊論　黃師錦鋐　台北：師大學報二三期　一九七七年六月

從莊子到郭象的歷史之必然—試析魏晉玄學中的莊子思想　周勤　華東師範大學出版　一九八一年四月
莊子書中之孔子　連清吉　台北：中國文化月刊　一九八一年十二、廿六期
清代學術思想史重要觀念通釋　余英時　台北：《中國思想傳統的現代詮釋》聯經出版　一九八三年
莊子郭象注參用儒義之分析　戴師景賢　高雄：中山大學學報第二期　一九八五年六月
眞理與方法　迦達默爾　哲學譯叢　一九八六年第三期
莊子思想研究　童書業　《莊子研究》、復旦大學出版　一九八六年五月
莊子　閻振益　北京：中國思想家傳記、中華書局出版　一九八七年九月
明清之際儒學的價值觀念　金春峰　太原：晉陽學刊　一九八八年五月
儒道兩家思想對中國文化的影響　張岱年　高校社會科學院　一九八九年二月
明清之際理學的特點及其流派　王俊才　太原：晉陽學報　一九八九年二月
論道家在中國哲學史上的主幹地位　陳鼓應　哲學研究　一九九〇年一月
儒學與道學的思維方式、思維結構和價值追求比較　馮達文　廣東：社會科學院　一九九〇年二月
對莊子的九種誤解　（美）吳匡明　蘭州：祈連月刊　一九九〇年三月
試論荀學的歷史命運　宋立卿　河北：大學學報　一九九〇年四月
論明清實學思潮與理學　李元慶　濟南：孔子研究　一九九〇年四月
道家思想在傳統文化中的歷史地位　李錦全　北京：哲學研究　一九九〇年四月
論莊周　王明　《道家和道教思想研究》、中國社會科學院　一九九〇年八月

論諸子的相反相成　張岱年　煙台大學學報　一九九一年一月
試論莊子陷入相對主義的認識論根源　鄒學榮　重慶：西南師範大學學報　一九九一年二月
論明清實學的早期啓蒙思想　丁冠之　濟南：山東大學學報　一九九一年三月
東林學派與明清之際的實學思潮　步近智　杭州：浙江學刊　一九九一年四月
儒學在衰落時期的變革　吳光　杭州：浙江學刊　一九九一年五月
方以智的道家觀　羅熾　湖北大學學報　一九九一年六月
莊子思想與竹林玄學　默耕　《莊子與中國文化》、黃山書院　一九九一年九月
莊子評註初探—以《莊子口義》、《莊子因》爲主之考察　簡光明　台中：逢甲中文學報　一九九一年十一月
儒道兩家思想在中國何以影響深遠長久不衰　任繼愈　上海：古籍出版，道家文化研究（一）　一九九二年六月
道家學說與流派述要　牟鍾鑒　上海：古籍出版，道家文化研究（一）　一九九二年六月
莊子思想研究　陳鼓應　上海：古籍出版，道家文化研究（一）　一九九二年六月
從價值從估到價值認同—郭象與莊子哲學的一個比較　王中江　中州學刊　一九九三年第六期
論莊子的儒家心路歷程　劉士林　史學月刊　一九九三年第三期
「清乾嘉學術研究之回顧」座談會紀要　台北：中國文哲研究通訊四卷一期　一九九三年十二月
從莊子到郭象莊子注　余敦康　哲學與文化第二一卷第八期　一九九四年
論明清時期的藝術審美思維　金丹元　上海社會科學院學術季刊　一九九四年第四期
論荀學是稷下黃老之學　趙吉惠　上海：古籍出版，道家文化研究（四）　一九九四年三月

漢賦中所見老莊史料述略　董治詒　上海：古籍出版，道家文化研究（四）　一九九四年三月
道家傳統與泰州學派　牟鍾鑒　上海：古籍出版，道家文化研究（四）　一九九四年三月
試論道家文化在中國傳統文化中的地位　卿希泰　上海：古籍出版，道家文化研究（四）　一九九四年三月
傅山哲學中的老莊思想　魏宗禹　上海：古籍出版，道家文化研究（五）　一九九四年十一月
略論魏晉玄學之三系　岑朗天　香港：人文月刊　一九九五年
魏晉玄學與儒道會通　余敦康　上海：古籍出版，道家文化研究（六）　一九九五年六月
兩漢之際的儒學與老莊學　王卡　上海：古籍出版，道家文化研究（八）　一九九五年十一月
簡論魏晉玄學是新道家　許抗生　上海：古籍出版，道家文化研究（八）　一九九五年十一月
從莊注之差異看「莊子影響」問題　張峰屹　內蒙古大學學報　一九九六年第六期
莊子兩題―兼論莊子對老子思想的傳承與發展　劉坤生　中國哲學史季刊　一九九六年第一期
儒學與道教―儒道關係的歷史考察　張文修　長沙：岳麓書社，中國哲學（十七）　一九九六年三月
試析「棄儒從道」　朱越利　上海：古籍出版，道家文化研究（十）　一九九六年八月
道家學說及其對先秦儒學的影響　胡家聰　上海：古籍出版，道家文化研究（十）　一九九六年八月
儒道兩家對道的闡釋及其旨趣　何俊　哲學研究月刊　一九九七年第七期
道家人生哲學的歷史作用―兼論儒道的互補性　龔群　哲學研究月刊　一九九七年第七期
論道家的「天人合一」思想　關四平　上海師範大學學報　一九九七年第四期
道禪對儒家美學的衝擊　張節末　北京：哲學研究　一九九八年第九期

論道家的「天人合一」思想　關四平　上海師範大學學報　一九九七年第四期
道禪對儒家美學的衝擊　張節末　北京：哲學研究　一九九八年第九期
敦煌文書《南華眞經》諸寫本之年代及篇卷結構探討　譚世寶　北京：新華書店，道家文化研究（十三）一九九八年四月
清學的名義與特質　鮑師國順　高雄：第二屆兩岸中國文學學術研討會（中山大學）　一九九八年四月廿九－卅日
茅山行　李作勛　《三清會刊》第四十期　一九九八年八月
莊子中的大木形象與意象思維　王鍾陸　中國文哲研究集刊第十三期　一九九八年九月
道家的審美觀　黃師錦鋐　高雄：中國文學與美學學術研討會（高雄師大）　一九九八年十二月一－三日
從《上清大洞眞經》看上清派的特點　孫亦平　《三清會刊》第四十一期　一九九八年十二月
文化美學與中國情懷　鄭培凱　高雄：中國文學與美學學術研討會（高雄師大）　一九九八年十二月一－三日
丹道之學的研究綱領　酈芷人　嘉義：第二屆海峽兩岸道教學術研討會論（南華管理學院）　一九九九年三月四－六日

宣穎南華經解之研究

著　　者：錢奕華
發 行 人：許錟輝
出 版 者：萬卷樓圖書有限公司
台北市和平東路一段 67 號 14 樓之 1
電話(02)23216565・23952992
FAX(02)23944113
劃撥帳號 15624015
出版登記證：新聞局局版臺業字第 5655 號
網站網址：http://www.wanjuan.com.tw/
E　-mail：wanjuan@tpts5.seed.net.tw
經銷代理：紅螞蟻圖書有限公司
台北市內湖區文德路 210 巷 30 弄 25 號
電話(02)27999490
FAX(02)27995284
承印廠商：晟齊實業有限公司
電腦排版：浩瀚電腦排版股份有限公司
定　　價：300 元
出版日期：民國 89 年 5 月初版

ISBN 957-739-283-0